职业教育改革创新示范教材

Qiche Shouhou Fuwu Jishu

汽车售后服务技术

(第2版)

何本琼 罗 琼 主编
彭小晴 副主编

人民交通出版社股份有限公司
China Communications Press Co.,Ltd.

内 容 提 要

本书是职业教育改革创新示范教材之一，主要内容包括：汽车售后服务概述、汽车售后备件业务、汽车日常维修/维护接待业务、汽车维修/维护质量管理与控制、汽车质量担保业务、品牌汽车二手车业务和汽车用户投诉处理。

本书可作为职业院校汽车整车与配件营销专业、汽车运用与维修专业、汽车制造与检修专业的教材，也可作为相关行业的岗位培训教材。

图书在版编目(CIP)数据

汽车售后服务技术 / 何本琼，罗琼主编. — 2 版
. — 北京 ：人民交通出版社股份有限公司，2019.11
职业教育改革创新示范教材
ISBN 978-7-114-15782-0

Ⅰ. ①汽… Ⅱ. ①何… ②罗… Ⅲ. ①汽车—售后服务—职业教育—教材 Ⅳ. ①F407.471.5

中国版本图书馆 CIP 数据核字(2019)第 185390 号

书　　名：汽车售后服务技术(第 2 版)
著 作 者：何本琼　罗　琼
责任编辑：戴慧莉
责任校对：刘　芹
责任印制：张　凯
出版发行：人民交通出版社股份有限公司
地　　址：(100011)北京市朝阳区安定门外外馆斜街 3 号
网　　址：http://www.ccpcl.com.cn
销售电话：(010)59757973
总 经 销：人民交通出版社股份有限公司发行部
经　　销：各地新华书店
印　　刷：北京虎彩文化传播有限公司
开　　本：787×1092　1/16
印　　张：10.5
字　　数：179 千
版　　次：2012 年 7 月　第 1 版
2019 年 11 月　第 2 版
印　　次：2023 年 8 月　第 2 版　第 2 次印刷　总第 5 次印刷
书　　号：ISBN 978-7-114-15782-0
定　　价：29.00 元

第2版前言 / FOREWORD

本套“职业教育改革创新示范教材”,自2012年首次出版以来,多次重印,被全国多所中等职业院校选为汽车运用与维修专业教学用书,受到了广大师生的好评。

为了体现现代职业教育理念,贴近汽车运用与维修专业实际教学目标,促进“教、学、做”更好地结合,突出对学生技能的培养,使之成为技能型人才,2018年8月,人民交通出版社股份有限公司吸收教材使用院校的意见和建议,组织相关老师,经过充分研究和讨论,确定了修订方案,对本套教材进行了修订。

根据教学需求,本套教材将第1版的12个品种进行整合,形成第2版的10个品种,其中将《汽车发动机机械维修》与《汽车发动机电控系统维修》整合为《汽车发动机构造与维修》,《汽车传动系统维修》《汽车制动系统维修》《汽车行驶系统与转向系统维修》整合为《汽车底盘构造与维修》,《汽车车身维修技术》拆分为《汽车车身及附属设备》与《汽车钣金维修》,《汽车涂装工艺》与《汽车涂装工艺工作页》合并为《汽车涂装工艺》。教材修订后,在结构和内容上与教学内容更加吻合,更注重对学生实践能力的培养。

《汽车售后服务技术》的修订工作,就是在本书第1版的基础上吸收了教材使用院校教师的意见和建议,在会议确定的修订方案指导下完成的。教材的修订内容主要在以下几个方面:

(1)增加第五章第七节“汽车三包业务”;

(2)更新教材中相关数据;

(3)更新部分内容和图表,使教材内容更贴近当前实际工作内容。

本书由武汉市交通学校的何本琼、罗琼担任主编,武汉市交通学校的彭小晴担任副主编。

限于编者水平,书中难免有疏漏和错误之处,恳请广大读者提出宝贵建议,以便进一步修改和完善。

职业教育改革创新示范教材编委会

2019年2月

目录 CONTENTS

第一章 Chapter 1

汽车售后服务概述

学习目标

通过本章的学习，你应当能：

1. 正确理解服务的概念；
2. 明确服务顾问的使命和职责；
3. 了解汽车售后服务市场的变化。

当前，汽车服务产业还处于整车厂主导的时代，经过价格“混战”后，各汽车厂家今后真正比拼的将是服务质量“软实力”，以实现服务大品牌化。

第一节 汽车售后服务的概念

汽车服务是围绕着与汽车消费相关的连锁服务、汽车维护、汽车金融、汽车保险理赔、汽车美容等，它朝着一体化、品牌化、集约化的方向蓬勃发展，并形成汽车服务产业市场。

一 汽车售后服务的概念

1 服务的概念

服务是具有无形特征并给人们带来某种利益或满足感的一系列活动；服务是产

品，虽无形却有价。以最佳的服务向用户提供最有魅力的商品，从而赢得用户和社会的信赖。

2 汽车售后服务的概念

汽车制造商以品牌为纽带，对社会资源进行整合与重新配置，通过为汽车经销商售后服务网点提供统一订货、运输、配送、技术支持等服务便利，使汽车服务程序简约化、服务专业化与标准化，为汽车用户提供全方位的服务。

3 汽车售后服务理念

汽车售后服务经营管理的新理念——用户满意经营理念。

1 汽车售后服务满意度 CS(Customer Satisfaction)理论的引进

随着现代汽车产品之间的技术差异越来越小，服务对汽车用户的影响将越来越大，服务对汽车用户的再次购买的影响力要大于产品自身的影响。汽车售后服务的作用将会越来越重要，并直接影响汽车产品的寿命周期。面对高新技术的汽车维修、高素质的知识型用户、逐渐加大的投资规模、日益激烈的市场竞争，企业需要减少投资风险，且必须要有稳定的用户群、稳定的员工队伍才能保证投资的回报和持续的发展。于是，在 20 世纪 90 年代末，一种新的用户关系理论——用户满意的 CS 战略和 CS 经营在全球流行，并被引入我国。汽车行业首先在“3S”店、“4S”店和维修企业里推广此理论。

2 汽车用户满意的经营理念

(1)汽车用户第一的理念包括以下内容：

①汽车用户是企业员工的衣食父母，是员工薪水来源；

②汽车用户是企业组成部分，是企业的业务员；

③汽车用户是企业的血液；

④汽车用户是总裁，是企业老板的薪水、收益的来源；

⑤汽车用户是给企业带来利益的；

⑥汽车用户不是冷血动物，是有七情六欲的、有血有肉的人；

⑦汽车用户是最重要的人物，是最受尊敬的人，是应当给予最高礼遇的贵宾；

⑧汽车用户是企业最大投资者，是企业生存的关键资源，丢失用户，就丢失了钱财、丢失了利润。

(2)实施 CS 战略，推动 CS 经营，必须确定汽车用户第一的理念，坚持汽车用户第一的原则。这是市场经济本质的要求,也是做好汽车售后服务根本的理念。

3 用户第一与利润第一的关系

现代汽车维修企业生产经营的目的是为汽车用户服务,以不断满足各个层次车主的需求。维修企业追求经济效益,然而要实现自己的利润目标,从根本上讲,必须满足汽车用户的需求、愿望和利益,才能获得企业自身所需的利润。"满意"可以为企业创造价值,"满意"可以为企业带来持久的利润。如何实现"满意",这就要求维修企业在生产经营活动的每一个环节中都必须做到眼里有用户,心中有车主,全心全意为汽车用户服务。只有最大限度地让汽车用户满意,企业才能在激烈的市场竞争中持久发展。

二 汽车售后服务工作的中心

从服务对象的角度对汽车售后服务进行划分,可以分为车和人。虽然对车和人提供的服务内容有所差异,但二者相辅相成。

(1)对车的服务:汽车日常维护、汽车美容等。

(2)对人的服务:汽车用户所获的良好服务体验与感受。

在对车的服务中,汽车服务工作的中心是人员的技术和服务的高效。

三 汽车售后服务工作的目标

1 汽车售后服务工作目标

汽车售后服务工作的目标是通过提升汽车售后服务工作,让每一位汽车用户满怀期望而来,满意而归。汽车售后服务工作目标如图1-1所示。

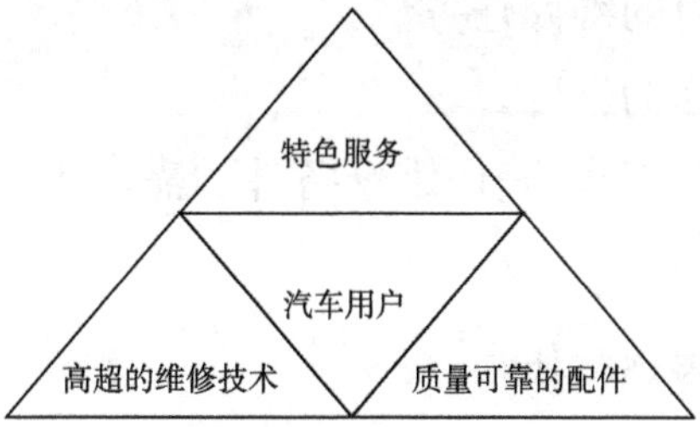

图1-1 汽车售后服务工作目标

2 汽车售后服务工作目标说明

(1)高超的维修技术与质量可靠的配件才能满足“对车服务”的基本要求,是汽车用户满意的基石。

(2)通常汽车经销商售后服务网点提供接送修服务、免费洗车服务、维护套餐服务等特色服务。特色服务使“对人的服务”显得更加主动热情,让汽车用户感受到“家一样的温暖”。

四 服务顾问的使命与工作职责

1 服务顾问的使命

服务顾问作为维修班组的领导者,代表维修班组接受汽车用户的维修要求,并根据设备和人力资源情况组织和协调维修工作,同时还要:

(1)保证汽车用户满意,从而创造忠诚汽车用户。

(2)开拓维修业务,如汽车用户年检、续保、深化维护等业务。

2 服务顾问工作职责

1 开展汽车售后服务业务

(1)欢迎汽车用户,了解汽车用户的需求。

(2)准确诊断汽车常见故障,制订维修项目。

(3)为汽车用户估算维修费用和交车时间。

(4)达成协议,签订《维修委托书》。

(5)安排汽车用户离开或到休息室等候。

(6)合理分配维修班组的维修任务。

(7)时刻掌握汽车维修的进度。

(8)协调与备件部门的工作,确保维修备件的需求等。

2 保证服务质量

(1)严格按照服务流程规范执行。

(2)当着汽车用户面,使用防护用具保护车辆。

(3)确保维修班组了解维修内容并遵照执行。

(4)检查维修工作的执行情况,确保维修工作满足汽车用户愿望。

(5)交付前服务顾问亲自检查竣工汽车。

(6)了解维修班组维修质量状况。

3 促进售后服务

(1)与汽车用户一同检查车辆,提供维修建议,促进维修业务和备件、附件的销售。

(2)提示汽车用户下次维护时间、里程和维护内容。

(3)告知汽车用户汽车易损零件的剩余使用寿命,约定维修时间。

(4)向汽车用户介绍汽车销售商售后服务网点的特色服务和超值服务。

4 管理、协调团队

(1)按照汽车厂商的服务流程开展工作。

(2)确保所辖人员遵守各项规章制度和安全条例。

(3)创造团结协作的工作氛围。

第二节　汽车售后服务工作的内容

在私家车越来越普及的现今,汽车用户买回家的仅仅是“裸车”,而汽车维修、美容等需求,则是汽车服务行业潜在的市场,这一“后市场”潜力巨大。

一 汽车售后服务市场的变化

1 高新技术环境

当代汽车进入了智能化控制阶段,汽车已是集计算机技术、光纤传导技术、新材料技术为一体的高科技产品,被称为“四个轮子的计算机”。汽车检测诊断技术经历了经验诊断、科学诊断,现已全面进入第三代智能化技术阶段。汽车维修技术从传统的解体维修、等级维修进入不解体维护、视情维修、定期检测的现代维修。汽车维护已成为维修的主要形式,汽车维修已从过去封闭式的自我服务型转变为社会化开放经营型。汽车售后服务的盈利点已不再是维修,而在日常的维护以及相关的服务项目,售后服务盈利占到整个汽车寿命周期利润的80%以上。

2 全新的用户环境

汽车服务业迎来了一大批新的消费者：中国最大的、最有能力的消费群体——有车一族正在迅速崛起，2.35 亿辆汽车保有量，3.63 亿个驾驶员，形成一个庞大的用户群。汽车消费者的“衣、食、住、行”形成一个巨大的消费市场。汽车消费已从国有、公有理性消费时代进入了个人、家庭情感消费的时代。有车一族中，高文化、高层次、高素质的知识型用户越来越多，工薪阶层所占比例越来越大。女性车主群体在迅速扩大（北京市的女性车主占到 1/4 以上），网民和车主出现了极大的重合度（北京的私家车主中有 80% 的人使用过互联网，34% 的人平均每周上网时间超过 10h，有 43% 的人表示用互联网查询过有关汽车方面的资料）。知识型车主的消费需求、消费构成、消费习惯同传统车主有明显不同，他们的情感需求、精神需求越来越显得重要。汽车进入家庭，私家车用户越来越多，新增私家车主已达到 78% 以上。消费结构发生了重大变化，一家三口的用户越来越多，开车的不懂修车的也越来越多，给售后服务提供了广阔的空间。

（1）汽车用户群体多样性与汽车用户群体分类标准有关，举几个简单的例子，见表 1-1。

汽车用户群体多样性分类 表 1-1

分类标准	汽车用户群体多样性
车型	主力车型、非主力车型
汽车用户来源（是否从本店购车）	本店直接销售或渠道分销、非本店销售、集团汽车用户、政府采购、出租车
汽车用户区域	本地、外地
汽车用户兴趣爱好	运动、文学、政治、娱乐、美食等
汽车用户购车时间	新老汽车用户（购车时间以汽车用户购车发票为准）
汽车用户汽车维护频率	维护频率高、维护频率适中、维护频率较低

①按车型分类，可以知道哪一个车型是汽车经销商服务网点销售和维修的主力车型，这对汽车经销商服务网点销售部的车型销售和售后配件库存管理提供数据支持。

②按汽车用户来源分类，可以有效地了解汽车用户的构成比例，对汽车销售和售后汽车维修都提供了更为有价值的信息。

③按汽车用户区域分类，可以知道汽车经销商销售和维修业务所覆盖的区域范围，对下一步开拓市场提供了区域性参考。

④按兴趣爱好分类,可以针对汽车用户的不同爱好,开展有效的汽车用户特色活动。

⑤按汽车用户购车时间分类,可以对汽车用户的流失周期作出数据分析,以开展针对性的促销活动。

⑥按汽车用户汽车维修频率进行分类,可以了解忠诚汽车用户的情况。

汽车用户群体多样性分析是为了更好地为汽车用户提供有效的服务,提高汽车用户的满意度,保障汽车经销商售后服务网点控制维修存量汽车用户的流失率。

(2)随着汽车用户对汽车售后服务的要求越来越多、越来越高,汽车售后服务市场的竞争日趋激烈。汽车用户典型需求分类,如图1-2所示。

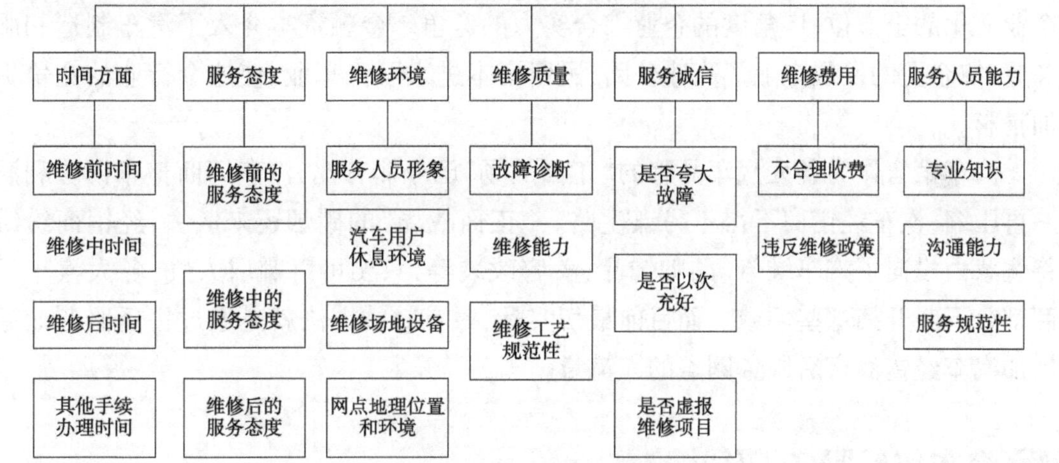

图1-2　汽车用户典型需求分类

3 全新的人才环境

高新技术含量的汽车、知识型的用户群、激烈的市场竞争迫切需要汽车售后服务有一大批有文化、有专业、懂计算机、熟仪器、会英文、还要有一定实践经验的技术人才,即“汽车医生”“汽车护士”和“汽车护工”。同时,还需要有一批懂得市场营销、公共关系、用户心理学、员工心理学、生产工艺学、财务管理、人力资源管理、物流管理等综合经营管理的职业经理人才。没有这样的人才基础,汽车售后服务企业就无法发展。我国汽车售后服务领域大部分是传统就业人员,他们的观念陈旧、技术落后、素质较低,已不能适应汽车维修服务的发展,急需进行观念更新、知识和技能的更新。人才的严重短缺、供求的矛盾等现象,制约了汽车服务业的发展。人才培训的市场、环境、途径也发生了重大变化,从传统的师傅带徒弟的封闭式单一手段转变为开放型、立体式、多种形式的培训,国家、企业、民间、个人一起办学,各类汽车“汽车医生班”“汽车护士班”以最快速度将汽车新技术、管理新知识传播给服务企业的员工,特别是网校和网上技术交流,已用最低的成本、最快的速度,实现零距离的技术更新、管理知识更新。许多整车厂的维修企业将培训作为给员工的最大福利,并将人力资源培训、信息化管理交给社会资源来做,利用社会资源实行“外包”使企业短期内发生了巨大的变化,适应了汽车销售量迅猛增长对售后服务人才的需求。

4 全新的竞争环境

传统汽车售后服务的竞争仅仅是技术、质量、价格的竞争,现代汽车售后服务的竞争是在市场经济条件下的竞争,是从技术、质量、价格、资金、信息、人才到品牌和企业文化的全方位、广角度的企业综合实力的竞争。金融资本介入了汽车制造和服务业,使企业的发展走上了高速公路,民营资本进入了汽车业,使这个行业的竞争更加精彩。

汽车销售作为各大汽车品牌的“正面战场”已今非昔比,汽车厂商整车销售利润一再压缩,汽车经销商不得不另谋生路。“正面战场”的硝烟还未散去,经销商纷纷将注意力投向了汽车维修、品牌饰品、美容改装等,只要可以赚取人气,各大汽车厂商都会不断开拓这些领域。而目前最切实际、最有效的方法就是通过售后服务业务增加汽车经销商售后服务网点的人流量。

二 汽车售后服务工作内容

汽车售后服务,是现代汽车维修企业服务的重要组成部分。做好售后服务,不仅关系汽车厂商产品的质量,更关系能否让汽车用户获得真正的、完全的满意。汽车经销商售后服务网点工作内容有以下几个方面。

(1)整理汽车用户资料,建立汽车用户档案。

(2)根据汽车用户档案资料,研究汽车用户的需求。

(3)与汽车用户进行电话、信函联系,开展跟踪服务,内容包括:

①询问汽车用户用车情况和对某次服务的意见;

②询问汽车用户近期有无新的服务需求;

③告之相关的汽车运用知识和注意事项;

④介绍本服务网点近期为汽车用户安排的各类优惠联谊活动,如免费检测周、优惠服务月、汽车运用新知识晚会等;

⑤用户服务人员主动咨询汽车用户需要提供哪些服务,并且在服务网点提供相

关服务时,及时通知汽车用户;

⑥遇特殊节日,经汽车用户的允许,可以对用户拜访。

二 汽车售后服务工作的特性

(1)维修的对象(汽车)高新技术含量丰富:汽车检测诊断技术已走向智能化;厂房、仪器、设备等技术设施投资大。

(2)服务的对象(用户)发生了根本的变化:消费者的知识文化水平不断提高,对服务的要求也越来越细,懂得使用法律来维护自己的权益。

(3)对劳动者的素质要求高:需要有文化、有专业知识、懂原理、会仪器、会计算机、会英文和具有一定的实践经验的"汽车医生"和"汽车护士"等技术人才和具有职业经理素质的管理人才。

(4)汽车维修服务的复杂性:组成要素复杂、维修对象复杂、生产过程和环节复杂、检验过程复杂。

第二章 Chapter 2

汽车售后备件业务

学习目标

通过本章的学习,你应当能:

1. 了解汽车备件岗位职责与要求;
2. 熟悉汽车备件订货计划;
3. 掌握备件订货流程;
4. 了解备件的储运;
5. 掌握汽车备件索赔流程。

汽车备件业务是汽车经销商售后服务网点维修的基础业务之一,网点必须合理地利用备件订货资金,按照规定的订货类型订购备件,最大限度地满足用户需求,以提高用户满意度。

第一节 汽车备件岗位职责与要求

为了便于汽车经销商售后服务网点对备件业务的管理,汽车备件业务通常设置三个岗位:备件经理、备件计划员、仓库管理员。这三个岗位相互协作,共同完成备件的订货、入库、销售、出库、索赔、仓储管理等工作。

一 汽车备件岗位职责

汽车备件岗位职责见表2-1。

汽车备件岗位职责 表2-1

岗 位	工作职责
备件经理	(1)合理利用资金,制订采购计划,完成汽车厂商下达的备件任务指标; (2)组织部门人员做好备件的销售管理,完成汽车经销商售后服务网点下达的出库目标; (3)指导、监督和考核部门人员工作情况; (4)与汽车厂商建立良好的关系,为汽车用户解决汽车备件方面的疑难问题; (5)做好仓库盘点申请报告,配合财务部门盈亏调账; (6)合理控制备件库存,制订呆滞备件处理方案
备件计划员	(1)配合备件经理完成备件订货、出库目标; (2)根据订货计划制作、上传备件订单,完成备件跟踪和索赔工作; (3)配合备件经理做好备件缺货的处理工作; (4)配合仓库管理员做好备件仓库的管理工作; (5)根据备件供应和经营情况,适时进行备件库存调整,规范出入库管理; (6)为促进备件、精品附件销售献计献策
仓库管理员	(1)及时、准确地维护备件库存管理系统,确保仓库备件的账、物一致; (2)做好仓库备件的收发、库存管理,严格按照流程要求收发备件; (3)负责备件管理有序、安全、完整、有效,实行分区存放备件管理; (4)做好备件仓库各种原始单证的传递、保管、归档工作

二 汽车备件岗位资质及能力要求

汽车备件岗位资质及能力要求,见表2-2。

汽车备件岗位资质及能力要求 表2-2

岗 位	资历及能力要求
备件经理	(1)中专以上学历,熟悉汽车构造知识; (2)具有汽车行备件业务管理、仓库管理等从业经验; (3)具有较强的组织和沟通协调能力; (4)能熟练操作计算机办公软件
备件计划员	(1)高中以上学历,了解汽车构造方面的知识; (2)具备仓库管理工作经验,熟悉备件业务; (3)熟练运用各种办公软件; (4)工作态度认真,有一定的沟通和协调能力
仓库管理员	(1)初中以上文化程度,反应敏捷; (2)熟悉仓库库位设置、地址码编排等相关仓库管理工作; (3)熟悉备件出入库的管理; (4)善于与他人沟通,协作意识强

第二节 汽车备件订货计划策略

汽车备件订货计划是一项比较烦琐的工作，需要考虑的因素很多，制订一个比较完善的备件订货计划，是合理利用资金、优化库存结构、提高用户满意度的基础。订货品种和数量的确定是订货计划中的重中之重。

一 汽车备件订货计划策略

1 汽车备件的生命周期

根据市场需求和技术革新，汽车厂商会不断推出新产品以提高汽车产品的竞争力，从新产品开发、使用到停产，这一系列演化过程称为汽车产品的生命周期。汽车产品的生命周期有四个时期：投入期、生产期、成熟期和衰退期。汽车备件是汽车产品的附属品，同样也遵循汽车产品的生命周期。汽车备件的生命周期和汽车产品的生命周期有所不同。通常，汽车在进入市场之前，汽车备件已做好后期的供应和储备。汽车产品停产时，汽车备件还在不断地满足市场需求。在很大层面上，汽车备件比汽车产品的生命周期要长。根据汽车产品生命周期，备件生命周期可归纳为：投入期、生产期、成熟期、衰退期四个时期。

2 汽车备件生命周期的特点及订货策略

汽车备件生命周期的特点及订货策略见表2-3。

汽车备件生命周期的特点及订货策略 表2-3

备件生命周期	特　点	订货策略
投入期	成本高、销量小、质量稳定性差、故障率高	试探性订货
生产期	成本降低、销量上升、产品质量提高	根据需求订货
成熟期	成本最低、销量高峰期、产品质量可靠	以不缺货为原则
衰退期	成本高昂、销量剧减、与产品相符合率下降	尽量少订货或不订货

二 汽车备件订货数量的确定

汽车备件订货数量通常指汽车经销商售后服务网点根据备件订货资金，结合备件实际需求和备件实际库存情况,确定汽车备件订货的品种和数量。

1 汽车备件订货品种的确定

汽车备件订货品种是指经销商网点为满足汽车用户的需求,结合厂商的订货任务指标以及厂商对经销商网点的库存管理要求而订购的备件种类。汽车由几万个备件组装而成,通常将汽车备件按发动机、底盘、车身、电气设备四部分进行分类,而每部分又由若干备件组装而成。有的汽车厂商备件类别分得更细,比如细分为发动机、变速器、悬架和转向系统、制动系统和传动机构、电气设备、附件等。还有的汽车厂商根据需求量将备件分为易损备件、常用备件、根据季节而发生需求变化的季节性备件。另外,也有根据汽车维修和维护项目,将汽车备件分为维修备件和维护备件。

准确确定备件订货品种不是一件容易的事情,需要考虑的因素很多。汽车备件订货品种的多少,直接影响对汽车用户备件的供给。如果备件库存的品种数量较少,不能满足汽车用户汽车备件需求,势必会影响汽车用户满意度。反之,备件库存品种数量太多,供过于求,则会增加滞销备件比例,造成资金占用量大,违背利益最大化原则。

确定备件订货品种应考虑以下影响因素:

(1)汽车经销商售后服务网点售后维修用户的实际保有量、流失率、车型分布、使用年限和行驶里程数、维修技术特点等。

(2)汽车经销商售后服务网点的备件库存结构、备件销售历史及销售趋势。

(3)备件计划员是否熟悉备件类型,如常用备件、易损备件、季节性备件、促销备件等。

(4)汽车备件是否为新备件或停产件。

2 汽车备件订货数量确定

汽车备件订货数量是指每个品种备件的需要订购量。订货品种和订货数量是不同的两个概念,往往易于混为一谈。从专业角度来说,订货品种确定备件库存宽度即备件订货种类和名称,而订货数量确定备件库存深度即每个备件品种订货数量。各汽车经销商汽车产品的市场占有率不同,备件订货数量也存在较大差异。确定一个比较精准的计算方法是汽车经销商网点的共识,但往往无功而返。

(1)汽车备件订货数量计算。

各区域汽车经销商汽车保有车型的品种和数量存在较大差异,因此没有一个定式来计算订货数量,只能给出经验算法。汽车备件订货数量通常是以库存量为依据,结合实际订货而未入库的数量,以及汽车用户预约订购的数量来计算的。汽车备件订货数量经验计算方法见表2-4。

汽车备件订货数量经验计算方法　　表2-4

计算类别	计算公式
标准库存量	标准库存量=月均销量×(平均订货周期+平均到货周期+安全库存周期)
建议订货量	建议订货量=标准库存量-现有库存量-在途库存量+追加订货量

(2)汽车备件订货数量计算公式说明。

汽车备件订货数量计算公式说明见表2-5。

汽车备件订货数量计算公式说明　　表2-5

术　语	解　释	确定依据
标准库存量	能及时满足用户需求的数量,即理想库存	以满足用户需求为依据
月均销量	月平均实际需求量	前6个月的平均值
平均订货周期	月平均订货天数	前6个月的平均值
平均到货周期	月平均实际到货天数	前6个月的平均值
安全库存周期	考虑需求和到货周期波动设置的库存天数	推荐值(订货周期+库存周期)×0.7
建议订货量	通过建议订货量计算公式,确定需要订货的数量	计算结果和库存实际综合确定
现有库存	订货时备件仓库的实际库存量	盘点统计
在途库存量	上一次订货还没入库的数量	上次所发的订单
追加订货量	用户需求的预约订单量	预约需求统计

(3)确定汽车备件订货数量实例。某网点备件人员统计出某备件前6个月的销量见表2-6。该网点平均订货时间为7天;平均到货时间为9天;安全库存周期确定为5天,在途数量6个;实际库存2个。根据上述情况确定网点订货数量。

某备件前6个月销量统计　　表2-6

N	N-1	N-2	N-3	N-4	N-5	合计(个)
25	11	18	22	13	19	108

注:①表中N——当前月;②N-1——前一个月;③月均销量=108/6=18(个)。

解答:

①标准库存数量=月均销量×(平均订货周期+平均到货周期+安全库存周期)/30

$$=18\times(7+9+5)/30$$

$$=12.6(\text{个})$$

②建议订货数量=标准库存量-现有库存量-在途库存量+追加订货量

$$=12.6-2-6+0$$

$$=4.6(\text{个})$$

③网点可根据计算的结果以及该备件的包装规格来确定订货数量。如果该备件每个包装件内为6个备件,那么本次订货数量即为6个。如果每个包装件内为2个备件,则可以订4个。

第三节　汽车备件订货流程

汽车备件订货需要经历一系列活动才能完成,活动环节处理得好与坏,直接反应备件岗位的工作能力及管理水平。各汽车品牌经销商会借助一套备件订货软件系统来规范和加强备件订货管理。

一 汽车备件订货工作流程

汽车备件订货工作流程如图2-1所示。

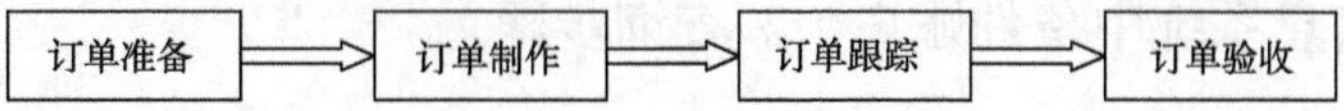

图2-1　汽车备件订货工作流程

二 汽车备件订货工作流程说明

1 订单准备

订单准备内容主要包括订货日历查询、订货资金准备、备件清单、缺件估计。

(1)订货日历。

汽车经销商售后服务网点向汽车厂商订购备件的时间点即为订货日历。汽车厂商根据给定的物流线路,按照汽车经销商售后服务网点业务量大小,指定网点每周有1~2次订货或每日订货。汽车经销商根据汽车市场保有量,为经销商网点提供的订货时间点也不同。丰田汽车经销商对其售后网点实行的是日订货即每日售后网点均可从厂商订购备件。而多数汽车经销商因市场占有率较低,没必要对售后网点采取日订货,一般每周给出1~2日可向厂商提出订货需求。非日订货的售后服务网点订货时应严格遵守订货日历。订货日历与订单的关系见表2-7。

订货日历与订单关系　　表 2-7

订单类型	释　义	范　围	与订货日历关系
正常订单	网点为补充常规库存的订货方式	普通备件	必须遵守订货日历
紧急订单	当前维修临时急需的备件订货方式	普通备件	不受订货日历限制
特殊订单	汽车厂商规定特殊备件的订货，包括标识件和标签类备件订货	钥匙、锁芯、已编程的电控单元、标签类备件	不受订货日历限制

（2）资金准备。

汽车厂商对汽车经销商售后服务网点的备件资金管理有统一要求，即经销商网点备件订货账户上有足够资金，才允许从汽车厂商指定渠道订货。汽车经销商售后服务网点应清楚备件账户上的备件订货资金余额，以免因备件账户资金不足而导致备件订单不能得到及时处理，严重影响汽车用户满意度。汽车厂商通常借助一套管理系统来指导汽车经销商售后服务网点操作，同时在系统上会给出一个查询通道，方便售后服务网点查询。在订购备件时，经销商网点所订备件的资金总额不能超过备件账户上的余额，否则备件订单将被厂商系统拒绝。图 2-2 所示为东风雪铁龙汽车经销商管理信息系统中备件账户余额查询步骤。

图 2-2　备件账户余额查询步骤

（3）准备备件清单。

汽车经销商售后服务网点在规定的订货日历或根据订单类型，结合维修车间需求及库存结构，确定要订购的备件品种和数量，一方面满足汽车用户的实际需求；另一方面按照汽车厂商要求补充常规库存。备件清单的准备是一项细致的工作，订单上的品种和数量要兼顾多方面因素，可通过备件仓库盘存了解备件库存结构，确定哪些备件不能满足订货周期的使用，参照备件订货数量计算结果来确定备件数量；还需了解厂商有哪些促销的备件，这些促销的备件，能给网点带来更高的利润，这些备件可考虑增加订购。尽管这样会造成一定的备件库存积压，但会增加网点收益，一般来说促销是有时间段的，“过了这个村就没这个店了”，这是体现网点备件人员职业敏感性的重要方面。另外，汽车备件供应商供应的缺陷率比较高的备件产品，会导致经销商网点对该备件需求的增加，因此，需要考虑此因素的影响，根据厂商提供的数据确定需准备订购的备件。网点维修人员在维修过程中发现的非常用件、季节性备件需求，也需要列入备件清单之中。

（4）缺件估计。

汽车厂商备件仓库一般设有备件中心仓库或备件中心分库。汽车厂商根据汽车产品的分布情况,除了设置备件中心库之外,还可能在备件需求量大的区域设备件中心分库。汽车备件供应商向厂商备件中心仓库和备件中心分库供货,或备件中心仓库和备件中心分库之间相互供货。备件中心仓库和备件中心分库分别向所在区域的经销商网点供货,汽车厂商备件中心仓库或中心分库根据汽车经销商售后服务网点的需求准备备件。如果汽车备件供应商的生产能力或经销商网点的需求超出厂商备件库存,可能会出现售后服务网点非常用备件订购缺货。汽车经销商售后服务网点备件计划员需要根据汽车厂商发布的缺件信息,初步估计备件缺件的可能性,在订货时予以考虑,可适当减少此类备件的订货数量,有效利用订货资金。

2 订单的制作

订单制作是指经销商网点根据事先准备的备件清单向厂商备件仓库发出采购需求。采购需求在汽车经销商管理信息系统上进行操作。网点备件人员将订货的品种、数量录入到汽车经销商管理信息系统,录入完毕进行审核确认。订单会根据订单类型,于订货日历当天或制作单据当天自动上传到汽车厂商管理系统。如果当日为某售后网点的备件订货日,普通备件订单制作审核后,会在当日自动上传到厂商的管理系统。如当日为非售后网点的订货日,则在当日之后的最近的订货日自动上传到厂商管理系统。汽车厂商后台处理系统与汽车经销商售后服务网点管理系统进行数据传递,方便网点对订单进行跟踪和处理。图 2-3 所示为东风雪铁龙汽车汽车经销商管理信息系统订单制作流程。

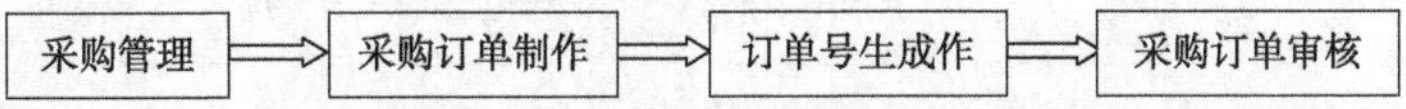

图 2-3　东风雪铁龙汽车汽车经销商管理信息系统订单制作流程

3 订单的跟踪

通过管理系统上传汽车经销商售后服务网点备件订货单后,需及时跟踪订单状态,其间管理系统可能会出现备件缺件、备件编号错误、备件订货资金不足等提示信息,导致订单被管理系统拒绝或不能进行处理,严重影响网点维修车间作业进度和汽车用户满意度。如订单跟踪时发现上述问题,网点备件计划员应立即与汽车厂商相关人员进行沟通,提出处理方案,确保上传的备件订单成功处理。

(1)上传不成功订单的跟踪。

上传不成功的订单是指经销商网点上传的、未通过汽车厂商管理系统的验证而被拒绝的订单。对这类订单的处理需要在订货日历当日重新制作订单并及时审核上传，否则该订单不会成功处理。以东风雪铁龙汽车汽车经销商管理信息系统为例说明上传不成功的订单的几种情况。

①经销商网点订货资金不足导致订单不成功，汽车经销商管理信息系统显示资金信贷超限，如图 2-4 所示。

备注	静态信贷检查：信贷限制超过467.94CNY

图 2-4　资金信贷超限

②经销商网点在上传的订单中订购了只有指定售后网点才能订购的备件，简称专供备件，或订购新备件无价格、标识件备件信息不全等也会造成订单上传不成功。标识件类备件包括钥匙类备件、锁芯类备件、网点订购后直接装车使用的电控单元等。订单上传后汽车经销商管理信息系统会显示订单无正确行项目，如图 2-5 所示。

备注	订单无正确项目

图 2-5　订单无正确行项目

③经销商网点制作的订单已审核但未到厂商给定的订货日历，订单还没上传到汽车厂商管理系统时，汽车经销商管理信息系统订单跟踪显示"订单未到订货日历—等待"，如图 2-6 所示。

备注	订单未到订货日历—等待

图 2-6　订单未到订货日历

（2）上传成功订单跟踪。

上传成功的订单是指经销商网点制作的普通订单经审核后，在订货日历当日已经成功上传至汽车厂商管理系统并经验证通过的订单。通常情况下，一个订单上有多个备件，订单上传成功并不意味订单上的备件均能成功订购。以东风雪铁龙汽车汽车经销商管理信息系统为例说明上传成功订单跟踪的情况。

①汽车厂商备件中心库或备件中心分库的库存有限会导致缺件的现象，在订单跟踪时汽车经销商管理信息系统会显示"行项目缺件"，如图 2-7 所示。

②汽车备件供应商的备件生产能力或调整备件生产结构，导致备件编号的变更，在订单跟踪时汽车经销商管理信息系统显示"行项目替换"，如图 2-8 所示。

③汽车厂商推出的汽车新产品，在投放初期售后备件未及时上传到汽车经销商

管理信息系统中,经销商网点在订单跟踪时汽车经销商管理信息系统显示"行项目不正确",如图2-9所示。

备件编码	项目类别	价格	含税总额	订单数量	圆整数量	确认数量	替换物料号	车身号	钥匙号	PLIP号	状态
ZQ00756677	ZTBO	645.26	3871.53	6	6	0					行项目缺件

图2-7 行项目缺件

备件编码	项目类别	价格	含税总额	订单数量	圆整数量	确认数量	替换物料号	车身号	钥匙号	PLIP号	状态
9135R9	ZTAP	0	0	1	1	1	9135AW				被替换行项目
9135AW	ZTAP	0	0		1	1					换行项目

图2-8 行项目替换

备件编码	项目类别	价格	含税总额	订单数量	圆整数量	确认数量	替换物料号	车身号	钥匙号	PLIP号	状态
C00007804K3				1							行项目不正确

图2-9 行项目不正确

4 订单的验收

汽车厂商备件中心仓库或备件中心分库对售后网点上传成功的订单进行审核确认无误后,按照售后网点订单要求进行备货,并交给承运方按约定的时间、地点和要求送达汽车经销商售后服务网点。经销商网点进行验货,检验订购备件在运输过程中是否有货损货差,备件是否有明显的非运输损坏的质量问题等。订单验收既能监督承运商的运输行为,旨在降低备件在运输过程中的损坏率;也能监督备件供应商的备件质量,为备件运输索赔和备件质量索赔做好准备。

汽车经销商售后网点在进行备件订单验收时需要注意下列情况。

(1)经销商网点在验收过程中要注意查看汽车备件在运输车上的放置,查看备件放置的合理性,避免和运输商产生责任纠纷,如图2-10所示。

图2-10 备件放置

(2)经销商售后网点在验收时需查看备件外包装的完好性，判断内装备件运输损害的可能性，怀疑有损坏时需开箱检查，并请托运当事人现场确认且在运单上注明，双方签字确认，如图2-11所示。

(3)经销商售后网点对变形或损坏的包装进行开箱检查，查看备件损坏情况，如图2-12所示。

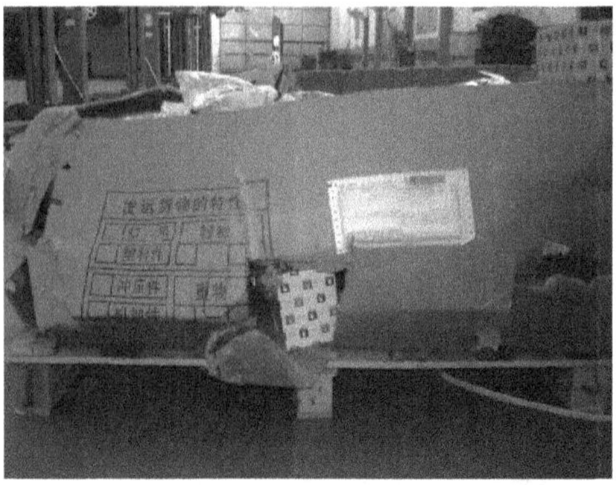

图2-11　备件包装

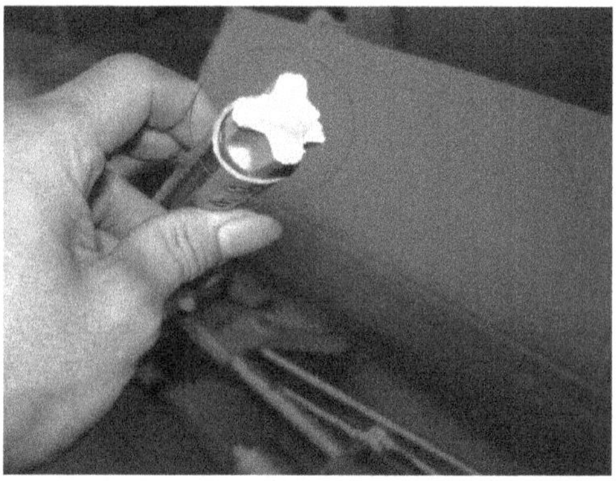

图2-12　备件损坏

第四节　汽车备件储运业务

备件仓储管理是经销商网点实施精细化管理的一部分。汽车厂商的汽车备件都有各自的特征包装，以区分副厂件或水货件。为了降低汽车厂商自身物流成本，加强汽车备件运输管理，汽车厂商通常都会委托第三方进行汽车备件托运，汽车厂商和汽车经销商售后服务网点对其进行监督。

一　备件的包装

汽车备件包装是为防止汽车备件在运输过程中发生损坏，通过规范的备件包装对运输备件进行保护。汽车经销商售后服务网点在备件验收过程中发现备件质量问题需将损坏备件送回厂商鉴定，回运时汽车经销商售后服务网点需对备件进行再次保护，以便汽车厂商鉴定其真实性，确保备件索赔成功。根据不同备件类型和尺寸，备件的包装也有不同的要求和限制。

1　紧急备件的包装

紧急备件通常采用航空运输，其运输要求应符合航空部门的规定。

(1)紧急备件由于数量较少,体积小,通常采用适应性包装。

(2)受航空运输、铁路运输条件的限制:航空运输限重150kg,单件货物尺寸不得超过1.1m;铁路运输限重50kg。

(3)包装材料多采用纸箱、木箱、EMS信封、缠绕气泡袋、固定和缓冲保护材料等。

(4)一般采取裁剪冗余的纸箱或填充保护材料等措施避免备件在物流中窜动而损坏。

2 普通备件的包装

(1)普通备件多采用标准的瓦楞纸箱进行保护性包装,部分备件(如车身等超大件或异形备件)采用裸件运输。

(2)包装限重350kg。

(3)不同特性备件混合包装时采用分层(纸板隔离)措施,下重上轻,且下层放置耐压备件,上层放置易碎或易变形备件。

(4)包装带是指备件包装箱的固定带。各品牌包装带都有固定的标识,便于经销商网点识别,防止接收到非正宗的备件。东风雪铁龙经销商的包装带有两种:一种是轻箱包装带,如图2-13所示;另一种是重箱包装带。

图2-13　轻箱包装带

(5)各汽车品牌厂商发运货物包装箱上都有一张发货标签。其是汽车厂商备件库配货的依据,也是经销商网点收货的参考。售后网点在收货时根据货运单内容,只需查看外包装情况,如外包装完好只需核查件数,件数一致无条件接收。东风雪铁龙汽车经销商备件发货标签如图2-14所示。

(6)汽车经销商售后服务网点需对备件运输方备件摆放的合理性和运输包装纸箱状态进行查验,特别要对单独包装的备件进行查验,这类备件从表面上看不出损坏,建议打开气泡带仔细检查,防止在运输过程中损坏。对包装质量进行查验,发现异常问题应如实记录在运单上,在汽车经销商管理信息系统里注明货损,并当场拍照反馈至汽车厂商备件库,如图2-15所示。

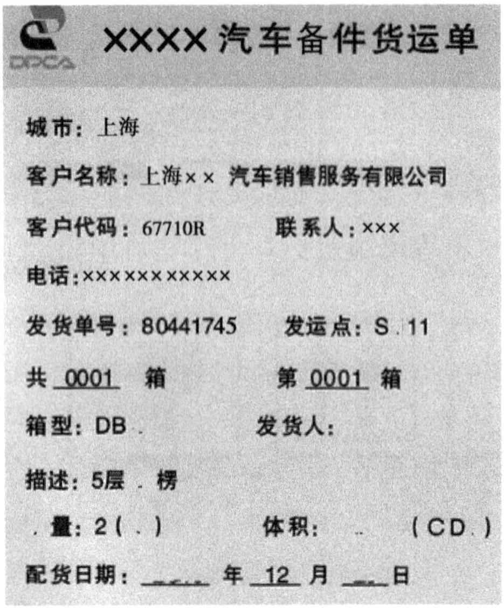
XXXX 汽车备件货运单

城市：上海

客户名称：上海×× 汽车销售服务有限公司

客户代码：67710R　　联系人：×××

电话：×××××××××××

发货单号：80441745　　发运点：S.11

共 0001 箱　　第 0001 箱

箱型：DB.　　发货人：

描述：5层．楞

．量：2(．)　　体积：．．(CD.)

配货日期：____ 年 12 月 ___ 日

图 2-14　东风雪铁龙备件发货标签

图 2-15　单独包装备件

二、备件运输

1 区域运输商

汽车厂商根据汽车经销商售后服务网点分布情况与各备件运输商协商划定物流代理区域。东风雪铁龙厂商备件运输区域划分见表2-8。

东风雪铁龙厂商备件运输区域划分　　表2-8

订单类型	运输商		
	金鹰国际货运	中国邮政物流	捷富凯-东风鸿泰
正常订单	华北、西北线	华中、华东、华南、西南、东北线	
紧急订单		华中、华东、华南线	华北、东北、西北、西南线

2 电子签单

为了准确地反映汽车备件运达汽车经销商售后服务网点的情况，网点在与汽车备件托运方进行货物交接时，应关注汽车备件完好情况，根据验收的结果在运单上签字并注明汽车备件损坏情况。同时在办理汽车备件入库手续时，需要在汽车经销商管理信息系统中进行电子签收，此操作将作为备件索赔的依据。电子签收时应注明实际到货的时间和备件状态。电子签收界面如图2-16所示。

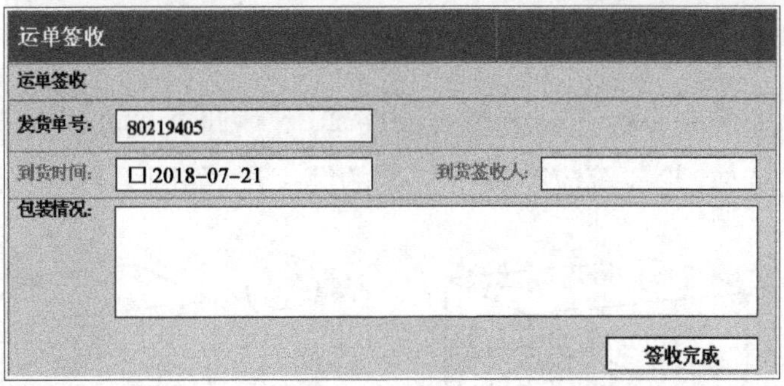

图 2-16 电子签单

三 汽车备件仓储管理

汽车备件仓库管理是汽车备件管理工作的一个重要组成部分,是做好汽车备件供应工作的重要保证。因此,必须加强备件的保管、养护,确保及时按质、按量地供应,合理储备、加强周转,提高仓库管理水平。合理科学的汽车备件仓库管理,通常遵守以下原则。

1 根据周转速度存放

周转快、消耗量大的备件存放在作业区附近,提高工作效率,降低备件人员的劳动强度,如图 2-17 所示。

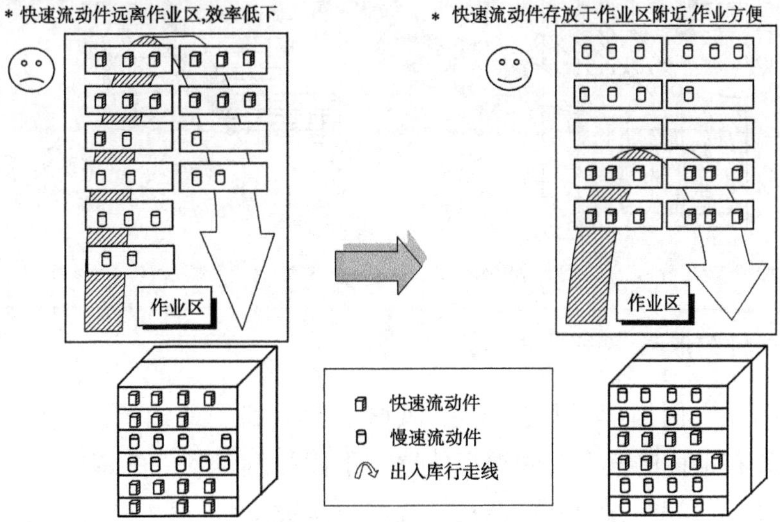

图 2-17 按周转速度存放

2 根据备件质量选择存放位置

从出入库作业的安全性和高效率方面来考虑，质量大的备件尽量存放在货架的下方，如传动轴、缸体、轮毂等应存放在货架的第一层，如图 2-18 所示。

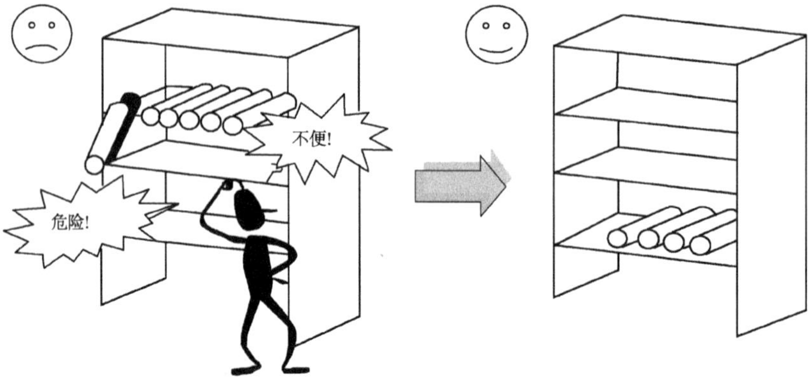

图 2-18　按备件质量存放

3 分区存放

通常将仓库划分为大、中、小三个区域及异形备件区。根据备件的形状、大小、质量来确定备件存放位置，主要目的是充分利用空间，保证备件仓库整齐，如图 2-19 所示。

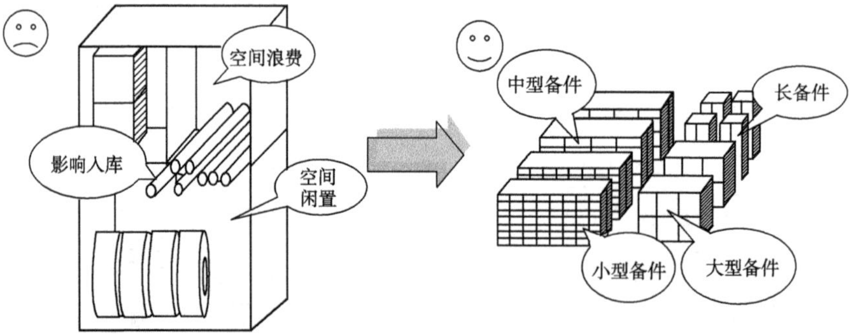

图 2-19　分区存放

4 根据备件的形态，采取竖立存放

有些汽车备件，例如：车门、排气管、风窗玻璃等扁平或细长形状的零件，若平放，会发生放置在上面的汽车备件损坏放置在下面的汽车备件的情况。还有一类汽车备件过长，如排气管等，若平放，会从货架伸出至通道，从而影响通行安全，且不便于备件人员提取，如图 2-20 所示。

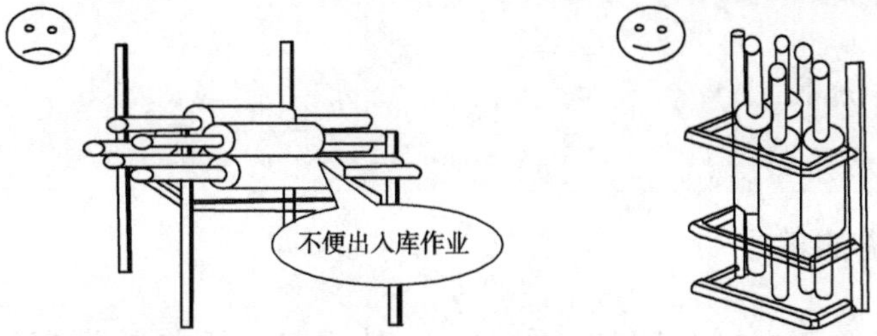

图 2-20 按备件形态存放

5 库位地址码

备件仓库每个库位都有一个地址码。地址码是反映备件存放的地理位置,其设置是否合理,直接关系能否准确、迅速地拿取备件。备件仓库里每一个备件均应有对应的地址码,地址码的编排大同小异,如图 2-21 所示。

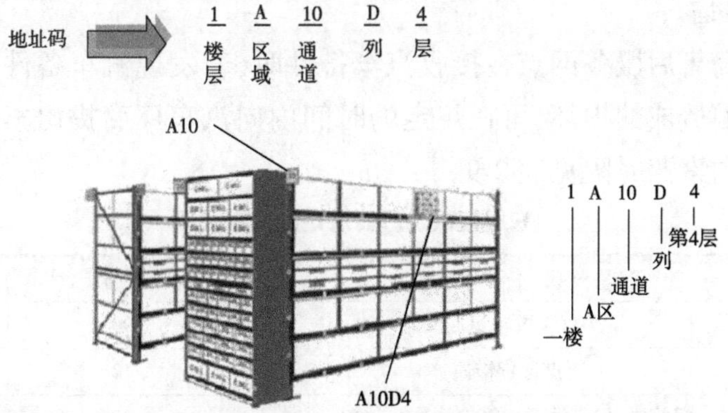

图 2-21 仓库地址码

第五节 汽车备件索赔业务

汽车经销商售后服务网点在验收货物时,若发现汽车备件损坏或存在质量问题,可根据汽车厂商备件索赔的相关规定,在规定的时间内向汽车厂商提出索赔申请。

一 备件索赔

备件索赔指从汽车厂商发运备件到汽车经销商售后服务网点接收备件整个过程中发生备件损坏、缺失、质量问题而产生的备件索赔业务。

二 备件索赔流程

1 备件索赔流程

每个汽车经销商根据品牌的具体情况,对索赔有不同的规定和要求,索赔流程也不尽相同。通用汽车公司备件索赔流程如图2-22所示。

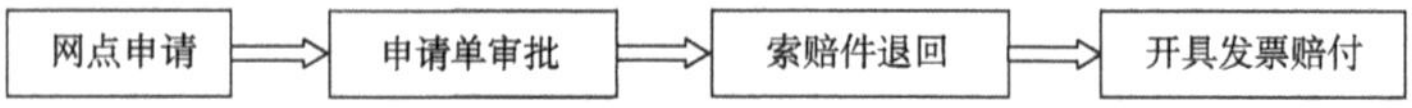

图2-22　备件索赔流程

2 备件索赔流程说明

(1)网点申请。

汽车经销商售后服务网点在接收汽车备件时,若发现汽车备件有明显的质量问题或因运输原因造成的损坏,可在规定的时间内向汽车厂商提出索赔申请。东风雪铁龙厂商规定的索赔时限见表2-9。

东风雪铁龙厂商规定的索赔时限　　表2-9

索赔类型	说　明	索赔申请时限(天)	确认索赔申请(天)
201	DPCA要求退回	90	15
202	网点订货错误	10	15
203	标签错误、备件不完整或质量不合格	30	15
204	目录与实物不符或定义模糊/替换件价格差异	10	15
205	备件损坏(包装不合理导致备件损坏)	5	15
206	少发多发或错发备件	3	15
207	运输损坏(包装变形、破损导致备件损坏或丢失)	3	15
208	货物丢失	3	15

(2)备件索赔申请方法。

经销商网点可根据汽车厂商要求填写备件索赔申请单,通常有两种方法:一种是纸质申请单,另一种是电子申请单。纸质申请单需由经销商网点按要求填写后随索赔件一起邮寄回汽车厂商,厂商根据索赔件退回状态给出是否同意索赔的意见并通知经销商网点。经销商备件索赔纸质申请单见表2-10。随着无纸化办公的推行,目前多数汽车厂商使用汽车经销商管理信息系统进行申报备件索赔,一方面可缩短备件索赔的时间,另一方面降低了索赔单据邮寄的费用。

备件索赔及退货申请单 表 2-10

备件索赔及退货申请单

索赔申请编号：

网点代码	网点名称	总部订单号	发票号	收货日期	索赔类型	联系人	电话+区号	传真+区号

网点填写						索赔鉴定员填写		零件验收填写	
备件编号	备件名称	单价(不含税)	发票数量	索赔数量	能否提供专用发票通知单	是否接受索赔	退货类型	收到退货数量	状态符合数量

情况描述(损坏原因分析)：		
	签名：	签名：
	是否接受索赔	开票/补货
	签名：	

如有错发件请提供相应信息

备件编号	备件名称	单价(不含税)	数量	网点留用/退回	备注(退回件上架操作需零件验收员和收货员确认签字)

(3)备件索赔申请单审批。

汽车厂商备件仓库接到汽车经销商售后服务网点备件索赔申请后,初步判断是否超出申请索赔期限、资料是否齐全、索赔单信息是否完整等信息后,给出是否同意索赔的意见。对不符合要求的备件索赔明确给出拒绝赔付的答复和理由。对初步通过的索赔申请单,要求网点将索赔备件退回汽车厂商进行再次备件质量鉴定。这一过程由汽车厂商来完成。

(4)备件索赔件退回。

汽车经销商售后服务网点收到汽车厂商备件仓库初步同意备件索赔的信息后，将需要索赔的备件办理出库手续，并进行加固再包装，以确保索赔备件退回到汽车厂商的状态和申请索赔时的状态一致。同时汽车经销商售后服务网点还应在规定的时间内，按照汽车厂商要求的托运方式将索赔备件、索赔申请单的回复件一起寄回汽车厂商备件仓库，汽车厂商备件仓库对网点寄回的索赔备件进行鉴定，进一步确定是否同意索赔。

(5)开具发票赔付。

汽车厂商备件仓库接到汽车经销商售后服务网点寄回的索赔备件，按相关要求认真核对。若寄回的索赔备件和索赔申请单上内容相符，确定属于备件索赔范围，汽车厂商备件仓库会给出同意索赔的答复，并通过邮件或公告的形式，通知网点财务部门在规定的期限内向厂商或运输商开具发票，在接到经销商网点发票后，厂商或运输商财务部门根据发票上的金额汇到汽车经销商售后服务网点的备件账户上，至此备件索赔流程完毕。

第三章 Chapter 3

汽车日常维修/维护接待业务

学习目标

通过本章的学习,你应当能:

1. 深层次理解汽车日常维修/维护业务接待流程的合理性、整体性;
2. 通过实战演练,掌握为用户提供满意服务的方法和技巧。

汽车售后服务是买方市场条件下汽车经销商参与市场竞争的“武器”。汽车售后服务的市场竞争不仅靠汽车固有的品牌效应,更需要优质的汽车售后服务作为保障。

第一节 预约流程

预约服务能给售后服务网点带来充裕的接待时间,精确的计划和车间工作量的合理控制。提高人员和设备的使用效率,提高劳动生产率,提高用户的满意度及忠诚度。

一 预约的途径与分类

汽车用户可以通过许多方式提前与汽车经销商售后服务网点进行预约,预约的途径与分类如图 3-1 所示。

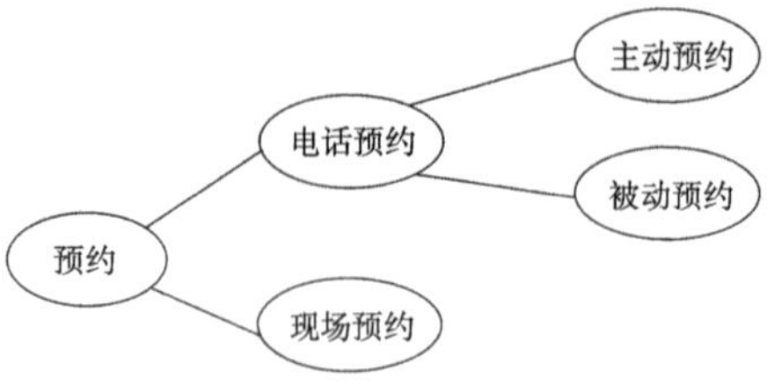

图 3-1 预约的途径与分类

二 预约的目的和意义

1 预约工作的目的

(1)预约能够确保快速及时的接待汽车用户。

(2)预约能够尽早明确汽车用户的要求,并根据汽车经销商售后服务网点的实际条件,如作业时间、维修量和零备件货源等安排维修计划,以便在最佳期限内满足用户的要求。

2 预约工作的意义

(1)提供预约以方便汽车用户,吸引更多汽车用户。

(2)方便安排工作人员、工位、备件等,提高资源利用率。

(3)提高工作效率,减少用户因等待时间过长而产生不满或抱怨。

三 工作流程

1 预约工作流程

预约工作流程以电话预约中主动预约为例,如图 3-2 所示。

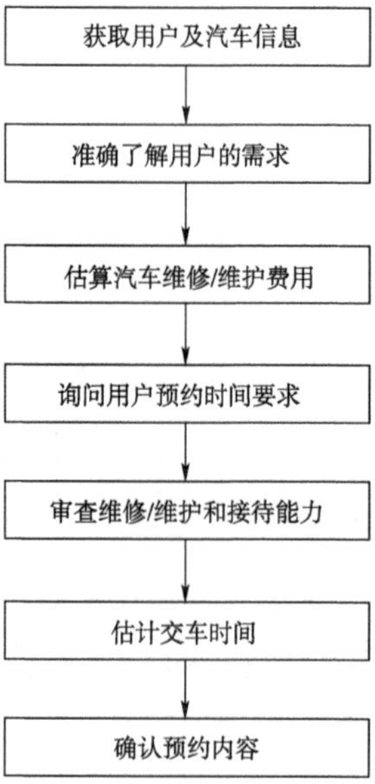

图 3-2 预约工作流程

2 预约工作流程详细说明

(1)获取用户及汽车信息。

①询问用户的姓名、联系电话、车型、车牌号,并记录在《预约记录表》中。

②查阅用户档案,进一步确认用户信息,以保持档案记录的准确性、及时性。

③如果没有为该用户建立维修档案,在挂断电话后应根据《预约记录表》的记录,在汽车经销商管理系统中初步建立该用户档案,待用户回厂后建立详细的维修档案。

(2)准确了解用户的需求。

①仔细听取用户的需求和对汽车故障的描述,用专业的提问方式了解车辆的详细情况,确定用户需求。

②将问题或维修的要求记录在预约记录表中。预约记录表见表3-1。

维修预约记录表 表3-1

序号	来电时间	电话记录员	用户姓名 联系电话	车型	车牌号	车辆问题和 维修要求	预约时间	用户到站时间	车辆交付时间	派工单号	备注

(3)在用户询问维修/维护价格时,估算汽车维修/维护费用。

①按网点已公布的维修/维护价目表估报维修/维护费用。

②在电话中不容易进行估算的,告诉用户到服务网点进行汽车故障诊断后再予以定价。

③对在电话中不易回答(包括不便回答)或需经请示才能确定的问题,应委婉地请用户予以谅解,并告诉用户稍后会在最短时间内给予回复。

④在给出汽车维修费用估价时,必须使用户了解费用所包括的具体项目,并确保用户能够理解。

(4)询问用户预约时间要求。

①询问用户打算何时来服务站进行服务。

②如用户希望知道汽车维修所需的时间,可根据用户提供的明显故障信息,初步给出维修估算时间。

(5)审查维修/维护和接待能力。

①审查用户预约当天,用户希望的服务站维修能力,合理安排预约时间,以降低服务站的工作负荷。

②如果不能满足用户预约要求的时间,建议并提出另一个预约时间。

(6)估计交车时间。

①确定交车日期和时间时,应考虑工作顺序、维修车间的工作负荷、维修时间等因素。

②审查用户汽车维修/维护更换零件库存状况,如果无库存或有其他意外情况时,应及时告知用户,并提出另一个预约时间。

(7)确认预约内容。

在本次预约结束前与用户确认用户的姓名、电话号码、车型、车牌号、维修项目，用户具体来店时间，并尽量满足用户期望的预约时间。

四 预约准备工作

(1)服务顾问将《预约记录表》及时交接给维修车间、备件仓库，维修车间和备件仓库进行预约准备。预约准备项目如图3-3所示。

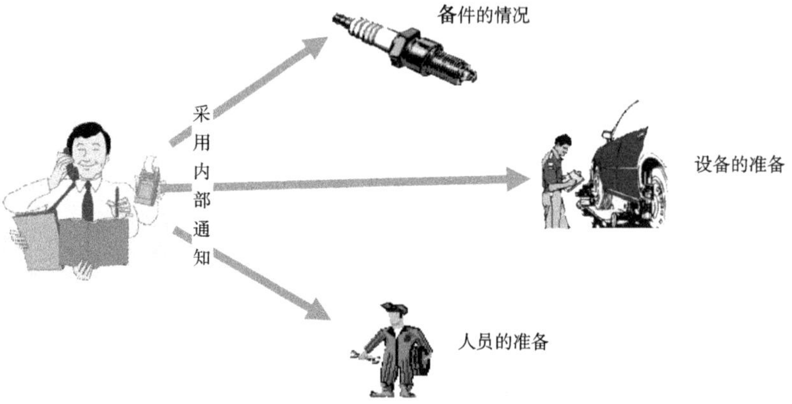

图3-3　预约准备项目

(2)在汽车经销商管理系统中建立预约用户档案。

(3)制作预约欢迎板。预约欢迎板如图3-4所示。

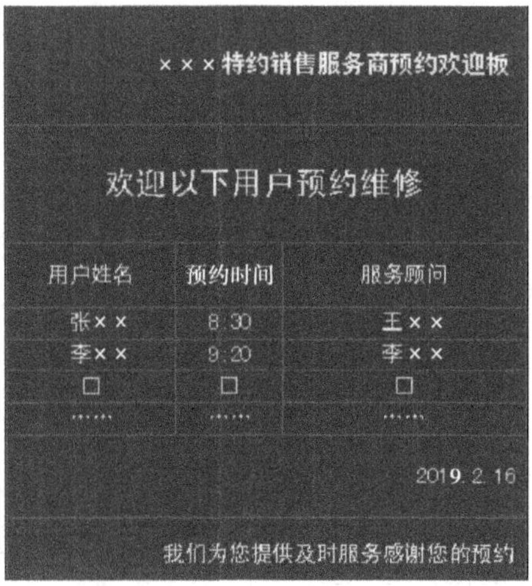

图3-4　预约欢迎板

五 实战演练

1 实战演练案例

(1)用户资料。张先生,30岁,电话×××××××××××,家住北京丰管路××号,邮编100000。

(2)汽车资料。车牌号:京H78654;车型:东风标致508,自动挡。

(3)预约内容。首次维护,用户反映加速不太顺畅,希望服务站检查、诊断。

特别提醒

通常情况下,首保用户将会是买车后第一次到汽车经销商售后服务网点,预约过程中应详细登记用户信息及车辆信息,并将须要携带的相关证件和票据清楚告知用户,以免因证件或票据不齐全,无法开展相关业务服务。

另外,对于用户反映车辆使用过程中不适感,应详细询问并做记录,以便提供给技术人员提前预诊断,提高服务效率。

2 实战演练要求

(1)分组:用户组、服务顾问组(每组分别选1名同学扮演用户,1名同学扮演服务顾问)。

(2)要求:按预约工作流程进行演练;准确运用学习过的知识;使用恰当的技巧和话术。

(3)点评:互相点评、老师点评。点评参考预约工作流程要素(表3-2)。

预约工作流程要素 表3-2

序号	工作要素	是	否
1	电话铃响3声内接电话,并进行自我介绍		
2	询问用户和汽车的基本信息,并登记在《预约记录表》中		
3	仔细听取用户的需求和故障描述,用专业的提问方式了解问题的详细情况,确定用户需求		
4	将问题或维修的要求记录在《预约记录表》中		
5	按网点已公布出来的维修/维护价目表估报维修/维护费用		
6	在给出汽车维修费用估价时,必须使用户能够了解费用所包括的具体项目,并确保用户能够理解		
7	询问用户打算何时来服务站进行服务		

续上表

序号	工作要素	是	否
8	确定交车日期和时间		
9	审查用户汽车维修/维护更换零件库存状况		
10	在本次预约结束前与用户确认用户的姓名、电话号码、车型、车牌号、维修项目,用户具体来服务站时间,并尽量满足用户期望的预约时间		

第二节　接待流程

汽车日常维修/维护接待,就是在第一时间主动热情地接待用户,通过专业的检查发现汽车的隐藏故障,为用户提供合理的维修/维护建议,尽可能准确地预估维修/维护费用和等候时间,迅速派工,并用通俗的语言为用户解释车辆需要进行的维修/维护项目。

一 接待准备工作

1 工具准备

(1)准备内容。

工具准备包括以下内容:维修委托书、硬板夹、结算单打印纸、各种工作单据、计算机(汽车经销商管理系统)、汽车防护用具、打印机、名片、订书器、记录笔等。

(2)准备工作检查。

①文件资料和工具检查。

a. 按工作流程要求检查所有工作单据是否齐全。

b. 检查接待前台每台计算机的工作状况以及打印机的连接状况。

c. 至少保证有一台计算机能够连接互联网,并安装了汽车经销商管理系统。

d. 查看、整理用户《预约记录表》,并及时更新用户"预约欢迎板"内容。

e. 提前1h与预约当日来网点的用户进行电话联系,确认用户具体来网点时间。

f. 如果确认预约用户能够如期而来,可提前准备好《维修前预检单》,以节省接待中洽谈时间。

g. 检查来电显示电话是否正常工作。

h. 整理汽车防护用具。

②工作环境的清洁和整理。

a. 每天开始营业前,检查维修出入口、服务接待区、接待前台、用户休息区、洗手间的卫生。

b. 整理用户休息区,检查并打开音响、影像设备,保证计算机处于正常状态。

c. 报纸、杂志摆放整齐并及时更新,检查并保证饮水机处有水和水杯。

d. 保证用户接待大厅、用户休息区温度适宜,灯光照度适宜。

e. 全部检查完毕后,各就各位,等待用户光临。

2 人员准备

(1)参加人员。

接待准备工作包括以下人员及班组:服务顾问、维修班组、技术专家、服务经理、清洁员等。

(2)仪表、仪容检查。

①按汽车经销商售后服务网点员工着装标准着装,保证整洁、无破损,佩戴工作牌。

②检查仪容、仪表,保证面部各部位干净、整洁,无异味。

③始终保持饱满的精神面貌和微笑的面容。

3 工作环境准备

接待工作环境包括以下方面:

(1)接待台周围的环境卫生良好。

(2)用户座椅摆放恰当。

(3)桌面(工具摆放)的清洁(整齐)。

(4)停车区车位充足。

(5)雨雪天气准备好雨伞、大门口有防滑设施。

(6)接待区和休息区的温度/湿度/气味/音乐适宜。

(7)充足的纸杯、饮料和纯净饮用水。

4 预约用户提醒

(1)提前1天短信提醒用户,次日汽车用户将按时到达。

(2)提前1h致电当天将到店的用户,确认用户是否能按时到达,并告知服务顾问会在服务接待区恭候。

(3)与无法按时到店的用户沟通,并重新预约时间。如用户放弃本次预约,则在汽车经销商管理系统中进行信息维护。

(4)针对变更及取消的预约服务，及时通知备件经理及车间主任，以便重新分配预留工位及技术人员工作。

二 接待工作流程

1 接待工作流程

接待工作流程如图 3-5 所示。

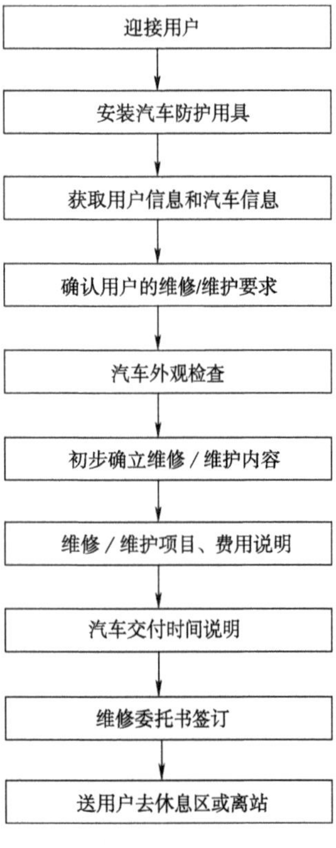

图 3-5　接待工作流程

2 接待工作流程详细说明

(1)迎接用户。

①当用户来到汽车经销商售后服务网点时，接待顾问要迅速出迎，向用户问好，引导用户停车。问候用户时面带微笑，态度和蔼。

②主动为用户开启车门，并进行自我介绍。

③询问用户姓名，之后礼貌、正确地称呼用户。

④不能让两位以上的用户等待同一名服务顾问，必要时应增加兼职服务顾问。

⑤如确实需要用户等待，应向用户进行礼节性的说明，视情况建议用户到用户休息区休息、等待。

⑥应让预约的用户看到“预约欢迎板”，确保优先接待预约用户。

⑦未预约的用户，先到的先接待。

⑧如预约用户在预定时间未能如约而来，应进行电话联系，并婉转询问原因；如用户仍希望预约，则按预约工作流程要求进行再次预约。

(2)安装汽车防护用具。

在检查汽车前，当着用户的面安装防护用具。如：座椅防护罩、地毯垫、转向盘护套、变速杆护套等。

(3)获取用户和汽车信息。

获取用户及其汽车的基本信息，如报修人姓名、联系电话、车牌号、汽车行驶里程、汽车 VIN 等。

(4)确认用户的维修/维护要求。

①仔细倾听用户反映的维修/维护要求及对汽车故障的描述,如有必要,用专业的提问方式了解问题的详细情况。

②在《维修前预检单》中准确地记录用户的要求。

通常情况下,汽车用户需求分为以下4类:

a. 车辆维护;

b. 车辆快修;

c. 车辆疑难问题处理;

d. 因车辆质量问题产生抱怨或者投诉。

(5)汽车外观检查。

①在服务接待区邀请用户一起对汽车外观和发动机舱进行检查,记录燃油、附件、贵重物品等状况。边检查边将检查结果告知用户,并记录在《维修前预检单》中。《维修前预检单》见表3-3。

②依据《维修前预检单》的记录,对用户的报修项目进行确认,并征询用户有无其他要求,做好记录。

③告知用户汽车还将由维修技师对汽车进行故障原因分析及故障处理确认,并对汽车底盘进行检查。

④邀请用户到休息区稍事休息,并立即通知车间调度接车,同时获取车间维修工位及维修人员负荷状况,之后引导用户前往休息区,让座后倒上一杯饮料。

维修前预检单 表3-3

<table>
<tr><td>报修人</td><td></td><td>联系电话</td><td colspan="2"></td><td>报修日期:</td></tr>
<tr><td>牌照号</td><td></td><td>行驶里程</td><td colspan="2"></td><td>VIN</td></tr>
<tr><td colspan="6">用户需求描述</td></tr>
<tr><td colspan="6"></td></tr>
<tr><td colspan="6"></td></tr>
<tr><td colspan="6"></td></tr>
<tr><td colspan="6"></td></tr>
<tr><td colspan="6">外观/内饰/附件检查</td></tr>
<tr><td colspan="3" rowspan="7"></td><td>灯光</td><td>机油</td><td>空调</td></tr>
<tr><td>刮水器</td><td>冷却液</td><td>音响</td></tr>
<tr><td>玻璃</td><td>制动液</td><td>天窗</td></tr>
<tr><td>轮胎</td><td>转向液</td><td>电动窗</td></tr>
<tr><td>备胎</td><td>玻璃清洗液</td><td>电动后视镜</td></tr>
<tr><td>蓄电池</td><td>随车工具包</td><td>空调</td></tr>
<tr><td colspan="3">好:√ 有故障,需维修:○</td></tr>
</table>

续上表

维修项目费用/时间预估			
维修项目		预估费用	
预计合计金额		预估交车时间	
建议维修项目			
温馨提醒			
①现金及贵重物品请随身携带,本店不负责保管; ②此单所含维修费用、时间预估不做结算依据,最终结算以《结算单》为准; ③检查出故障在本店维修则检查费包含在维修费内,如不在本店维修,请支付检查费			

(6)初步确立维修内容。

①服务顾问邀请维修技师一起对汽车底盘部分进行检查,检查结果记录在《维修前预检单》中,以便向用户解释,如有必要,安排道路测试。

②根据《维修前预检单》,准备《维修委托书》,初步确立维修项目(包括服务套餐、其他项目等)、维修备件以及维修工时,在销售商管理系统上进行保存,并将备件名称、备件费用以及工时费用简明扼要地记录在《维修前预检单》中。《维修委托书》见表3-4。

维 修 委 托 书

表3-4

网点编码:　　　　　　　　　　　　　　　　网点名称:

车主		联系地址		报修人	
联系电话				报修人电话	

委托书号	购车日期	车牌号	车型	颜色
VIN	发动机号	行驶里程	送修时间	预计交车时间

维修内容	工时	单价	工时费	维修项目类型	备注

续上表

<table>
<tr><td>备件编码</td><td>备件名称</td><td>数量</td><td>单价</td><td>备件费</td><td>进货渠道</td><td>备注</td></tr>
<tr><td></td><td></td><td></td><td></td><td></td><td></td><td></td></tr>
<tr><td></td><td></td><td></td><td></td><td></td><td></td><td></td></tr>
<tr><td></td><td></td><td></td><td></td><td></td><td></td><td></td></tr>
<tr><td></td><td></td><td></td><td></td><td></td><td></td><td></td></tr>
<tr><td></td><td></td><td></td><td></td><td></td><td></td><td></td></tr>
<tr><td></td><td></td><td></td><td></td><td></td><td></td><td></td></tr>
<tr><td></td><td></td><td></td><td></td><td></td><td></td><td></td></tr>
<tr><td colspan="7">新增维修项目</td></tr>
<tr><td colspan="7"></td></tr>
<tr><td colspan="4">服务顾问签名：</td><td colspan="3">用户签名：</td></tr>
<tr><td colspan="7"></td></tr>
<tr><td colspan="3">用户意见</td><td rowspan="4">维修费用预估</td><td>工时费</td><td></td><td rowspan="4">友情提示：
在本次维修中，如报修人认可承修方使用原厂备件，则使用非原厂备件产生的质量问题（包括非原厂备件本身质量问题/或因非原厂备件造成的相关零件质量问题），本品牌汽车生产厂家对此不承担质量担保责任。
签字表示：同意________</td></tr>
<tr><td>本次维修的旧件您希望</td><td>带走</td><td>不带走</td><td>备件费</td><td></td></tr>
<tr><td>您的车辆是否需要清洗</td><td>清洗</td><td>不清洗</td><td>其他</td><td></td></tr>
<tr><td>您希望的回访时间/电话</td><td colspan="2"></td><td>总计</td><td></td></tr>
<tr><td colspan="7">本单据一式三份，用户、财务、车间各执一份。双方签字后，维修委托书上所记录的内容均要被遵守</td></tr>
</table>

(7)维修/维护项目、费用说明。

①向用户说明所报故障的生成原因及故障处理方法，以及维修/维护所需备件费、工时费，经用户同意维修后，在《维修前预检单》中作确认记录。

②将检查中发现的而用户没有意识到的维修项目告知用户，同时建议维修。如用户同意维修，作相应记录。

③对于维护汽车，需要用户提供《质量担保和维护手册》，并找出与车辆相符的《汽车维护表单》，向用户说明将对汽车进行的维护项目。

④对汽车维护费用进行估算，并将维护费用按维护内容进行细化。

(8)汽车交付时间说明。

①根据备件库存情况、工作次序、维修工作负荷、作业时间、维修车间工位使用状况等估算交付时间。

②如果备件缺货，则应立即通知备件部门进行紧急采购，了解到货时间并告诉用户，可与用户另预约维修时间。

③与用户进行协商，在尽量满足用户要求的前提下，商定汽车维修/维护后交付时间。

(9)维修委托书签订。

①根据与用户商量后确认的维修/维护项目以及汽车预计交付时间，在汽车经销商管理系统上对初步开具的《维修委托书》进行修改和完善，并打印。

②向用户征询自费维修更换下来零件的处理意见，如果用户希望看到或者收回旧零件，应在维修委托书上注明。

③征询用户意见，在汽车维修完毕后，是否需要服务站对汽车进行免费清洗，并在维修委托书上注明。

④对于涉及汽车安全件的维修项目，应着重向用户进行说明，并建议维修，若用户拒绝，请用户在维修委托书对应栏上签字确认。

⑤向用户说明在维修过程中如果有新的增补维修项目发生时，服务顾问将通知用户增补维修项目的内容、费用估算、维修时间以及交付时间的变更。确认用户同意增补维修的方式，如现场签字、电话、短信、传真、邮件回复等，并记录在《维修前预检单》中。

⑥请用户确认《维修委托书》中的维修/维护项目，服务顾问与用户双方签字。

(10)送用户去休息区或离站。

①用户需要在服务站内等待时，送用户到休息区休息，并为用户倒上一杯饮料。

②如果用户不在站内等待，则礼貌、热情地送用户至服务站门口。

二 实战演练

1 实战演练案例

(1)用户资料。王先生，年35岁，电话×××××××××××，家住北京丰管路××号，邮编100000。

(2)汽车资料。车牌号：京H88888；车型：东风雪铁龙C5；汽车使用时间：2年半；行驶里程：30000km，以前在其他服务网点维护，第一次来本店。

(3)本次维修内容。更换机油滤清器、汽油滤清器、空气滤清器、火花塞，用户反映转向时，汽车左前部有轻微的异响。

2 实战演练要求

(1)目的：掌握接待的基本流程和接待技巧。

(2)分组:用户组、服务顾问组(每组分别选1名同学扮演用户,1名同学扮演顾问)。

(3)点评:互相点评、老师点评。点评参考接待工作流程要素(表3-5)。

接待工作流程要素　　表3-5

序号	工作要素	是	否
1	按汽车经销商售后服务网点员工着装标准着装,保证整洁、无破损,佩戴工作牌		
2	检查仪容、仪表,保证面部各部位干净、整洁,无异味		
3	接待准备工作检查:文件资料和工具检查,工作环境的清洁和整理		
4	迅速出迎,引导用户停车,向用户进行问好,并进行自我介绍		
5	询问用户姓名,之后礼貌、正确地称呼用户		
6	在检查汽车前,当着用户的面安装防护用具		
7	获取用户及其汽车的基本信息		
8	仔细倾听用户所反映的维修/维护要求及汽车的故障描述,在汽车《维修前预检单》中准确地记录		
9	在服务接待区邀请用户一起对汽车外观和发动机舱进行检查,并记录在《维修前预检单》中		
10	告知用户汽车还将由维修技师对汽车进行故障原因分析及故障处理确认,并对汽车底盘进行检查		
11	邀请用户到休息区稍事休息,并立即通知车间调度接车,同时获取车间维修工位及维修人员负荷状况,之后引导用户前往休息室,让座后倒上一杯饮料		
12	根据《维修前预检单》,准备《维修委托书》,初步确立维修项目		
13	向用户说明所报故障的生成原因及故障处理方法,以及维修/维护所需备件费、工时费,经用户同意维修后,在《维修前预检单》中作确认记录		
14	对于涉及汽车安全件的维修项目,应着重向用户进行说明并建议维修,若用户拒绝,请用户在维修委托书对应栏上签字确认		
15	根据备件库存情况、工作次序、维修工作负荷、作业时间、维修车间工位使用状况等估算交付时间		
16	根据与用户商量后确认的维修/维护项目以及汽车预计交付时间,在汽车经销商管理系统上对初步开具的《维修委托书》进行修改和完善,并打印		
17	向用户征询自费维修更换下来零件的处理意见,如果用户希望看到或者收回旧零件,应在维修委托书上注明		
18	征询用户意见,在汽车维修完毕后,是否需要服务站对汽车进行免费清洗,并在维修委托书上注明		
19	向用户说明在维修过程中如果有新的增补维修项目发生时,服务顾问将通知用户增补维修项目的内容、费用估算、维修时间以及交付时间的变更		
20	用户如需要在服务站内等待时,送用户到休息区休息,并为用户倒上一杯饮料。如果用户不在站内等待,则礼貌、热情地送用户至服务站门口		

第三节　维修流程

汽车经销商售后服务网点按照汽车厂商的标准工艺要求进行汽车维修/维护操作,用户在汽车维修/维护等待过程中应有专人提供服务。在此过程中,服务顾问应及时告知用户汽车的维修/维护进度。

一　维修/维护工作流程

汽车维修/维护工作流程如图3-6所示。

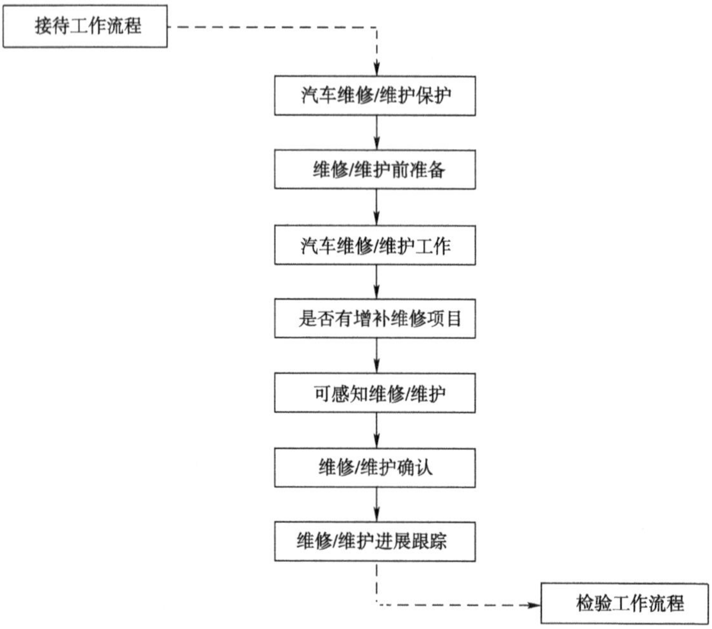

图3-6　维修/维护工作流程

二　维修/维护工作流程说明

(1)汽车维修/维护保护用具。

①确认汽车是否已安装防护用具,如没有,需安装。

②如果需要打开发动机舱进行检查、维修操作,必须在翼子板上加装翼子板护垫。

(2)维修前准备。

①详细阅读《维修前预检单》和《维修委托书》,了解所有维修项目内容及故障处理方法。

②根据《维修委托书》上的备件编号,到备件仓库领取备件。

③只能使用原厂备件,严格禁止使用或销售假冒伪劣备件、附件或者装备。

④查阅、了解维修工艺和相关工具,使用定期检验合格的指定专用工具、常用工

具及设备。

(3)汽车维修/维护工作。

①对照《维修委托书》维修/维护项目和内容,严格按《维修/维护手册》或《技术快讯》的工艺要求进行维修/维护,并遵守安全和环境保护规定。

②汽车维护须按维修工艺要求操作,并在对应的《汽车维护表单》中做记录。

③在维修过程中,拆卸下来的零件须分类存放在干净容器内,并摆放有序。

④应充分考虑汽车交付时间,合理安排作业时间。

⑤对于电气电路或多路传输线路的维修,要确保在维修工作完毕后,对汽车计算机内存储的相关故障记录进行清除。

⑥所有维修/维护操作完毕后,需进行自检,并打扫、清洁维修工位,整理工具。

⑦质检员在维修质量检查过程中发现的不合格维修/维护项目,必须按维修工艺重新进行操作。

(4)是否有增补维修项目。

①在维修过程中,如果发现新的维修内容时,应将增补维修项目和处理方法记录在《维修前预检单》中,并在第一时间内通知车间调度或服务顾问。

②及时向用户说明增补维修项目,并对所要完成的维修进行费用报价、交车时间延长说明。

③若用户不同意维修,请用户在《维修委托书》对应栏框签字,并友情提示用户,请注意该处故障的变化,约请下次维修处理。

(5)可感知维修/维护。

①发生任何打开发动机舱的检查或维修/维护作业后,必须对发动机舱可见零部件表面进行除灰尘处理,并使用棉纱布擦拭干净。

②对于用户自费维修的项目,用户希望看到或收回更换下来的零件时,应将旧件装入塑料袋中,放置在汽车行李舱内。

(6)维修/维护进展跟踪。

①通过车间调度及时了解所接待汽车维修情况和进展程度,不定期地向用户通报,并询问用户是否还有其他要求;如果用户在休息室,应为用户添加饮料。

②如发生维修/维护时间延长或有增补维修项目时,应及时向用户现场说明或电话通报,征询用户的处理意见。

③服务经理与备件部门及时联系、沟通,保证有足够的备件。

④汽车维修/维护完毕并经自检合格后,将汽车和钥匙以及全部工作表单交给车间调度,由其安排维修质量检查。

第四节　检验流程

在维修/维护接待环节努力提升服务质量，在维修/维护作业环节保证一次性修复率，在维修汽车最终交给用户前，还需对汽车进行竣工检验。

一 检验流程

汽车维修/维护检验工作流程如图3-7所示。

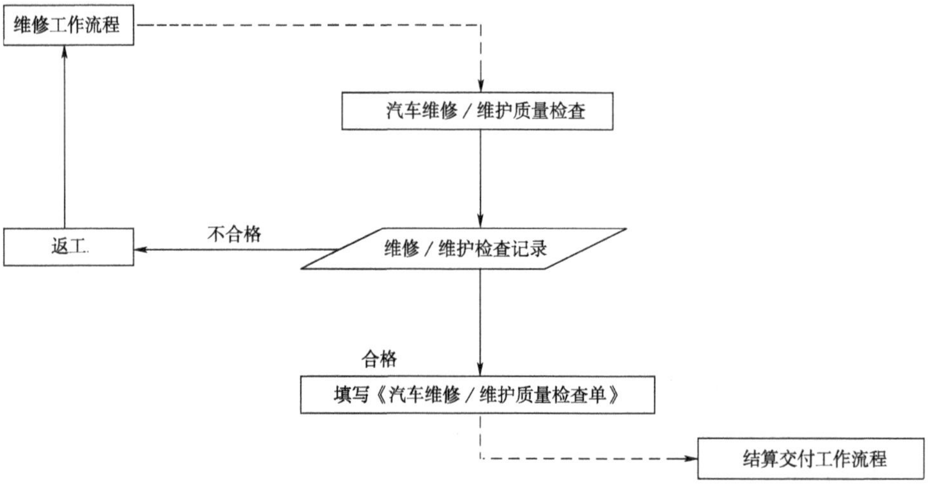

图3-7　检验工作流程

二 检验工作流程说明

(1)汽车维修/维护质量检查。

①对所有进站维修/维护完毕的汽车，在交付用户之前必须进行全面的维修/维护质量检查，交付车辆应符合维修/维护质量检查工艺标准。

②对照《维修委托书》中的每项维修/维护项目或故障内容，逐一检查是否完成，如有必要，进行路试。

③每个完工的维修/维护项目都要符合《维修手册》或《技术快讯》的技术要求。

④对于汽车维护项目，必须以汽车的《维修工艺》为依据进行检查。

(2)维修/维护检查记录。

①将检查的结果如实、完整地记录在《维修/维护质量检查表》对应的栏框内,并签名。对不符合《维修委托书》确认的维修/维护项目或已完工但不符合维修/维护技术标准的维修/维护项目,则需要返工。《汽车维修/维护质量检查表》见表3-6。

汽车维修/维护质量检查表　　表3-6

			是	否
对已完成的工作作检查	所有维修	使用汽车防护用具	□	□
		完成试车	□	□
		接车时目视检查	□	□
	定期维护	正确选择维护工艺	□	□
		在维护工艺卡上记录相关操作并将无关项划掉	□	□
		完成故障码阅读	□	□
		随机抽查3处定期维护项目进行检查	□	□
	其他维修	按维修委托书上记录的项目	□	□
		已正确完成相关维修项目并安装好相应附件	□	□
		随机抽查4处目视检查项目进行检查	□	□

		好	坏	待查
动态检查	前行/倒车换挡	□	□	□
	发动机运行	□	□	□
	直行跑偏	□	□	□
	制动跑偏	□	□	□

质量检查

车辆第一次检查　好□　坏□	返工后检查合格
签字:______	签字:______

			好	坏	待查
静态检查	功能性检查	位置灯	□	□	□
		近光灯-近光灯	□	□	□
		转向灯	□	□	□
		制动灯	□	□	□
		倒车灯-牌照灯	□	□	□
		前后雾灯	□	□	□
		内部照明	□	□	□
		安全信号灯	□	□	□
		仪表显示(时间设定)	□	□	□
		喇叭	□	□	□
		刮水器功能/清洗液	□	□	□

返工描述

______

______

______

维修解释	其他检查	是	否
由接车员进行:是□　否□	汽车内外清洁	□	□
交付人员签名:______	发票和维修委托书相符	□	□
用户意见:	出具维修/维护质量检查单	□	□

②对返工维修/维护的汽车,仅对返修项目进行再次质检。

(3)填写《汽车维修/维护质量检查单》。

①对所有维修/维护质量检查合格的汽车,填写《维修/维护质量检查单》和维修建议,质量检查员签名确认。东风雪铁龙《维修/维护质量检查单》见表3-7。

②将质检合格后的汽车和钥匙及全部工作单据交给车间调度,由其根据《维修

委托书》上"用户意见"，安排清洁人员对汽车进行清洗、清洁；如用户汽车不需进行清洗，则将汽车直接停至汽车竣工区。

维修/维护质量检查单　　　　表 3-7

尊敬的　　　先生/女士：	
■　对于您在　　　年　　　月　　　日报修/维护的车辆（车牌号：　　　　　），我们已经完成所有项目（维修委托书编号：　　　　　　　　）。经过检查，我们确认此次维修/维护符合东风雪铁龙售后工艺标准。	
■　经本次对您车辆的维修，我们建议您的车辆还应进行下列操作：	
尽快进行：______ 还需进行：______	
■　根据东风雪铁龙相关车辆定期维护、中间检查规定，我们建议：	
当您的车辆行驶里程达到______km（或时间到______年____月____日前），请您驾车到我站进行：	
（　　　）维护	（　　　）中间检查
维护主要工作项目	中间检查主要工作项目
□ 更换发动机机油和机油滤清器	□ 检查或添加发动机机油
□ 检查或更换冷却液、制动液、动力转向液	□ 检查或添加冷却液、制动液、动力转向液
□ 检查传动轴、转向机的密封性及状况	□ 检查传动轴、转向机的密封性及状况
□ 检查前，后减振器状况及蓄电池状况	□ 检查轮胎磨损、轮胎压力
□ 检查前、后制动摩擦片（盘）的磨损状态	□ 检查前制动摩擦片（盘）的磨损状态
□ 使用 PROXIA 读取自诊断内存，对维修指示器初始化	□ 清洁空气滤清器
□ 其他：	□ 其他：
服务热线：______	
质检员签字：______	日期：______

第五节　结算交付流程

服务顾问能够清楚地解释费用组成，并陪同用户至财务收款处协助进行结算，并核对发票与用户本次维修费用是否一致。

一　结算交付流程

1　结算交付工作流程

汽车维修或维护完成后的结算交付工作流程如图 3-8 所示。

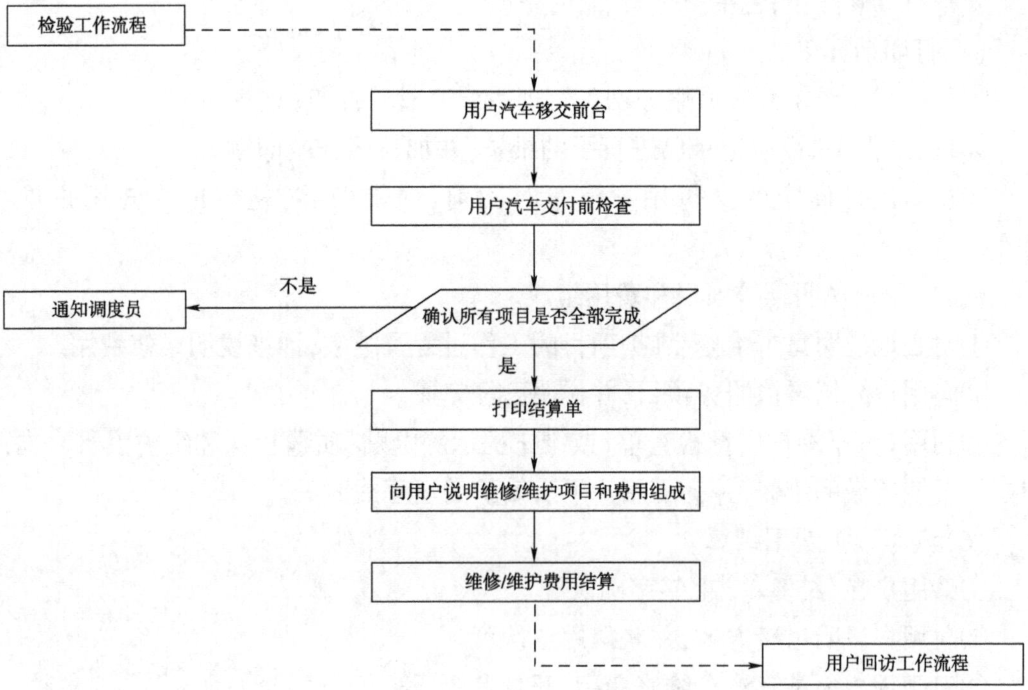

图3-8 结算交付工作流程

2 结算交付流程说明

(1)用户汽车移交前台接待。

①将清洁后的用户汽车停至汽车竣工区。

②将全部工作表单及车钥匙移交给接待该汽车的服务顾问。

(2)用户汽车交付前检查。

①检查确认汽车内、外清洁度。

②其他检查:除汽车外观检查外,还应包括无灰尘、油污,烟灰缸清洁,不遗留抹布、工具、小零件等。

③对于自费项目,确认用户希望看到或收回更换下来的旧零件是否装入塑料袋中,并放置在汽车行李舱内。

(3)确认书面工作是否全部完成。

①检查《维修委托书》,以确保用户提出的所有维护项目以及经用户同意增补的建议维修项目都已得到了解决。

②检查《汽车维护质检表》,确保用户汽车所有维修项目经质检,并合格、签字。

③核对维修费用,包括备件费、工时费。

(4)打印结算单。

①利用汽车经销商售后服务网点管理系统完成并打印《结算单》。

②在《维护手册》中记录已进行了的维护,并加盖服务站印章。

③在与用户商定的交付用户汽车时间前,面带微笑、礼貌地通知用户准备提车。

(5)向用户说明维护项目和费用组成。

①耐心地说明每个维修/维护项目的工作过程及结果,详细说明维修费用。

②向用户介绍增值服务项目,并说明已经完成。

③利用《汽车维护质量检查单》或维护提示静电贴《质量担保和维护手册》,向用户建议近期要做的维修,并提醒用户下次维护的里程或时间。

(6)汽车维护费用结算。

①请用户在《结算单》上签字确认。

②向用户说明付费方式,并获得用户认可。

③引领用户去结算汽车维修费用,开具发票。

(7)服务评价与信息提醒。

①征询用户对此次服务的整体感受及建议,如实记录并表示感谢。

②告知用户服务质量专员将在3天后对用户进行售后满意度回访,希望得到用户的支持与配合。

话术:

——"王先生,您对我们的这次服务还满意吗?您有什么意见和建议请告诉我,今后我们会努力做得更好。"

——"谢谢您对我们工作的肯定。3天后,我们的客服代表将对您进行回访,主要是询问车辆维修后的使用状况,到时还请您给予配合。"

③服务信息提醒。

a. 再次提醒用户车辆下次维护的时间或里程,诚邀用户提前进行预约;

b. 征得用户同意后将下次车辆"维护提示静电贴"粘贴在前风窗玻璃上;

c. 给用户递送名片,提醒用户以后如有任何需求可随时联系。

话术:

——"王先生,这是我的名片,以后有任何需要您可随时拨打我站的服务热线或我的电话,我的电话是24h开机的,希望您能继续支持我们的工作。"

二 实战演练

1 实战演练案例

(1)首保,预约用户,车辆缺失点烟器。

(2)3 万 km 维护,非预约用户,后座有烟酒等贵重物品两件。

特别提醒

服务顾问将车辆交付给汽车用户前一定要仔细核对车内物品是否与用户车辆进网点时检查记录的信息一致。若车内贵重物品存放不当,可建议用户购置收纳箱,避免物品遗失。若在维修确认环节服务顾问发现车辆外观有瑕疵,但用户不同意维修,可在车辆交付时再次提醒或建议用户考虑下次维修。

(3)1 万 km 右后门擦伤钣/喷维修,行李舱杂物较多。

(4)2.25 万 km 维护,右前门有轻微凹坑。

2 实战演练要求

(1)分组:用户组、服务顾问组(每组分别选 1 名同学扮演用户,1 名同学扮演顾问)。

(2)要求:活动前讨论准备时间 5min,各组演练时间 40min ,时间节点从内部交车后到送别用户截止。

(3)点评:互相点评、老师点评。点评参考结算交付工作流程要素(表 3-8)。

结算交付工作流程要素 表 3-8

序号	工 作 要 素	是	否
1	检查确认汽车内、外清洁度		
2	对于自费项目,确认用户希望看到或收回更换下来的旧零件是否装入塑料袋中,并放置在汽车行李舱内		
3	接待准备工作检查,文件资料和工具检查,工作环境的清洁和整理		
4	检查《维修委托书》,以确保用户提出的所有维护项目以及经用户同意增补的建议维修项目都已完成		
5	检查《汽车维护质检表》,确保用户汽车所有维修项目经质检,并合格、签字		
6	利用汽车经销商售后服务网点管理系统完成并打印《结算单》		
7	耐心地说明每个维护/维护项目的工作过程及结果,详细说明维修费用		
8	利用《汽车维护质量检查单》,向用户建议近期要做的维修,并提醒用户下次维护的里程或时间		

续上表

序号	工作要素	是	否
9	请用户在《结算单》上签字确认		
10	向用户说明付费方式，并获得用户认可		
11	引领用户去结算汽车维修费用，开具发票		
12	当着用户的面取下汽车防护用具		
13	征询用户对本次服务的整体感觉以及意见和建议		
14	向用户说明如有任何问题可与服务网点或服务顾问本人进行联系		
15	将用户送至服务网点门口，目送用户离开		

第六节　用户回访流程

用户汽车在汽车经销商售后服务网点维修/维护3天后，汽车经销商售后服务网点需对用户进行电话回访，以了解用户对汽车维修/维护整个过程的满意程度。

一 用户回访的目的和意义

汽车经销商服务网点在回访的基础上能及早发现不满意用户，针对不满意原因进行分析，并开展有针对性的行动，消除不满意隐患。网点按照服务标准进行回访，并对回访结果进行分析，结合实际情况，查找弱项时进行改进。由于样本量多，回访时间和为用户提供服务的时间间隔短，服务质量的好坏能迅速反映出来，改进工作也更具有针对性。同时，通过管理回访信息，分析有关数据，为网点的服务改进提供数据支持。还可以针对用户感知的具体接车员的工作情况，以及相应维修班组、质检员工作情况，进行统计和评价。

二 用户回访对象和方法

1 回访对象

（1）销售时：亲自购买并提车的私家车用户。

（2）销售后：亲自将车送到服务站修理并取车的私家车用户。

2 回访调查方法

（1）档案来源。

①销售时：汽车经销商网点在管理系统中申报的新车信息。

②销售后:汽车经销商网点直接提供,汽车厂商正式启用汽车经销商管理信息系统导出用户信息。

(2)回访调查问卷。

被回访调查者根据其服务的体验来回答问题,以说明他们期望的服务质量和感知的服务质量,由此来确定总的感知服务质量的分值。分值越低,表明用户感知的服务体验与服务预期距离越远,即用户感知的服务质量越高。东风雪铁龙售后服务用户回访问卷见表3-9。

东风雪铁龙售后服务用户回访问卷 表3-9

主要内容	题型	解读
Q1 总体满意程度	满意率题	用户对最近一次网点服务质量的总体评价
Q2 是否电话预约	其他	用户维修前是否进行过电话预约
Q3 预约时间的安排	满意率题	Q2 的相关问题,电话预约时,用户要求的维修/维护时间和确定的时间相比,用户的评价
Q4 接车前等待时间	满意率题	用户到达网点后,对维修接待前等待时间长短的评价
Q5 接车的态度	满意率题	对接待人员服务态度的评价
Q6 接待人员理解能力	满意率题	关于接待人员对用户所提需求的理解能力,用户的评价
Q7 是否检查车辆外观	是否题	接待人员应和用户一起对车辆的外观进行检查,用户评判接待人员是否符合服务标准
Q8 服务区域的环境	满意率题	用户对网点服务场地和设施的环境、布局、清洁程度的评价
Q9 维修/维护的时间	满意率题	用户对维修/维护时间的评价
Q10 是否按约定期限交车	是否题	服务顾问是否在维修前约定交车时间,是否在约定时间交车
Q10A 是否通知延期交付	是否题	Q10 的相关问题,在因故不能按约定时间交车时,是否通知用户交车延误
Q11 工作是否与要求相符	是否题	在用户车辆上进行的维修/维护工作是否符合用户的要求
Q12 维修/维护工作质量	满意率题	用户对维修/维护工作质量的评价
Q13 是否付费	其他	过渡问题,看用户本次维修是否涉及费用的支出
Q13A 未付费原因	其他	Q13 的相关问题,对用户未付费的原因进行分类,如保修、保险等
Q13B 服务性价比	满意率题	Q13 的相关问题,付费用户对服务性价比的评价
Q13C 是否在维修前估价	是否题	Q13 的相关问题,服务顾问应在维修前预估总体服务价格,用户评判是否符合服务标准
Q13D 实际与估算金额是否相符	是否题	Q13C 的相关问题,用户实际支付的金额和事先估算的金额是否一致
Q14 结算和交付时间	满意率题	维修完毕后,用户对结算、交付所用时间的评价
Q15 车辆清洁状况	满意率题	用户对维修完毕后车辆清洁状况的评价
Q16 结算和交付的态度	满意率题	用户对结算和交付过程中,服务人员态度的评价
Q17 是否解释了已做的工作	是否题	在交付时,服务顾问应对维修/维护项目和维修费用的构成进行解释,用户评判是否符合服务标准

续上表

主要内容	题型	解　读
Q17A 对已做工作的解释	满意率题	Q17 的相关问题，对服务顾问进行的维修/维护项目和维修费用构成的解释，用户的评价
Q18 是否提供维修/维护建议	是否题	在交付时，服务顾问应对今后车辆的维修/维护提出建议，用户评判是否符合该服务标准
Q19 是否需要返修	是否题	交付给用户的车辆是否因维修/维护不当，导致返修
Q19A 需要返修的原因	开放题	Q19 的相关问题，记录用户反应的造成返修的原因，并进行分类
Q20 是否回访	是否题	在维修/维护后，用户是否接到过网点的回访
Q21 是否推荐	推荐题	用户根据这次的服务经历，判定网点的服务是否值得向亲友推荐
V1 不推荐的原因	开放题	Q21 的相关问题，记录用户不推荐的原因
V2 不满意的原因	开放题	Q1 的相关问题，记录用户不满意的原因
V3 其他评论	开放题	记录用户主动进行的其他评论
Q22 是否允许反馈	其他	询问用户是否允许将自己的意见（Q19A/V1/V2/V3）反馈给网点

三 用户回访工作流程

1 用户回访工作流程

汽车用户回访工作流程如图 3-9 所示。

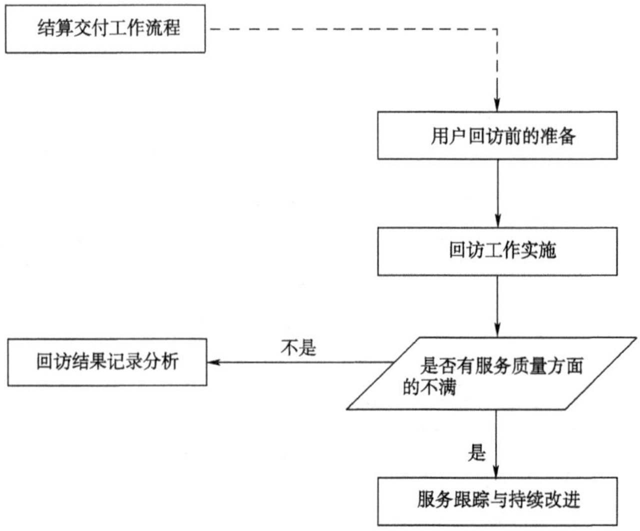

图 3-9　汽车用户回访工作流程

2 用户回访工作流程说明

(1)用户回访前的准备。

①用户《维修委托书》信息整理。

②提取用户汽车维修/维护的原始档案。

(2)用户回访工作实施。

①记录回访结果。

②无效用户回访的统计。

(3)服务跟踪与持续改进。

①对未查出故障的用户进行跟踪,使用户协助参与判断汽车故障,保障用户用车和时间,体现对用户的关怀。

②对用户提出的意见或投诉进行跟踪,保证用户提出的问题有回馈,努力消除用户的负面情绪影响,对忠诚用户的意见更应多加关注。

四 综合演练

1 综合演练案例

(1)用户资料。田先生,30岁,电话×××××××××××,家住北京丰管路××号,邮编100099。

(2)汽车资料。车牌号:京H76453;东风标致508L;行驶15000km;第一次来本店。

(3)上次维修内容。更换机油滤清器,转向盘发抖,汽车需做动平衡。

2 实战演练要求

(1)分组:用户组、服务顾问组(每组分别选1名同学扮演用户,1名同学扮演顾问)。

(2)要求:完整演练汽车日常维修/维护标准服务流程。

(3)点评:互相点评、老师点评。

(4)点评标准参见《服务顾问资格认证考试实操评分要点及标准》(表3-10)。

汽车用户的满意来自优质的服务,优质的服务需要依靠优秀的服务人员来实现。“细节决定成败”,汽车售后服务工作更要求从业人员注重服务过程中的每一个细节。每一个过程、每一个细节落实到位,是获得用户满意的基础。因此,将汽车日常维修/维护标准服务流程贯穿于实际工作中,才能为汽车用户提供更多、更细致入微的服务。

服务顾问资格认证考试实操评分要点及标准

表 3-10

服务顾问：　　网点名称：　　网点编码：　　编号：

题目：服务接待模拟实操

用户报修的故障和维修要求：

实操考试单据及用具准备：

预检单、派工单、维护表单、维修/维护质检表、维修/维护质检单、维护手册、名片、DMS 系统、接车板、车辆防护用具

序号	评分要点	标准要求	评分标准	分值	得分
预约服务					
1	信息收集	来电 3 声内接听	来电 3 声之内接听电话（0.5 分）	6	
		确定用户的信息	礼貌收集客户的信息，包括客户基本信息（0.5 分）		
		车辆信息	礼貌收集车辆的信息，包括车型、VIN、车牌等信息（1 分）		
		预约项目内容	与用户沟通本次预约的主要项目内容（1 分）		
		预估时间	根据网点的实际工作负荷，按照削峰填谷的原则，与用户沟通预约来店时间（1 分）		
		预估费用	根据维修/维护项目内容，预估费用，并强调只是预估费用（1 分）		
		故障现象（信息收集）	根据用户提供的信息，收集故障现象出现的时间、频次等信息（1 分）		
	确认并汇总	用户信息	确认用户的信息（0.5 分）	4	
		车辆信息	确认车辆的信息（0.5 分）		
		预约项目	确认本次预约的项目（0.5 分）		
		费用	确认本次预约的预估费用（0.5 分）		
		时间	确认本次预约的项目所需的时间（0.5 分）		
		故障现象	确认本次预约车辆的故障现象（0.5 分）		
		提醒携带维护手册、驾驶证、行驶证	提醒携带维护手册、驾驶证、行驶证（0.5 分）		
		公司地址以及路线的提醒	公司地址以及路线的提醒（0.5 分）		

续上表

序号	评分要点	标准要求	评分标准	分值	得分
接待准备					
2	服务顾问仪容、仪表、礼仪规范	所有表单、五件套、接车板	按东风雪铁龙网点员工着装标准着装,保证整洁、无破损,佩戴工作牌(2分)	5	
		工服的整理、佩戴工作牌	检查仪容、仪表,保证面部各部位干净、整洁,无异味(1分)		
		预约提醒(短信和电话)			
		接待前台、维修区、休息区、卫生间等	始终保持饱满的精神面貌和微笑的面容(2分)		
用户接待					
3	迎接用户	服务顾问主动出迎,为用户开启车门,并进行自我介绍,询问用户有何需求	服务顾问主动出迎,为用户开启车门(2分)	5	
			应用标准用语主动进行自我介绍。如“您好,我是东风雪铁龙××4S店,服务顾问×××,请问有什么可以帮助您的?”或者类似的语言,并递送名片(3分)		
4	了解用户需求,问诊,记录故障现象	服务顾问应该认真听取用户故障描述和维修需求,服务顾问应该通过一些专业的技艺和提问引导用户详细描述故障现象并在预检单上进行检查记录	服务顾问认真听取用户故障描述和维修需求(1分)	5	
			服务顾问通过沟通技巧引导用户更详细的描述故障,如“什么时候有异响,什么路况或速度等”(2分)		
			针对用户故障描述给出合理的解释,并在预检单上做记录(2分)		
5	环车检查	服务顾问对车辆进行防护,获取用户及车辆信息,并对用户车辆进行环车检查,检查车辆外观和随车工具(附件)及发动机舱等,根据入场前环车检查的要求进行检查和记录,双方签字确认	当着用户的面为车辆使用防护用具(1分)	20	
			请用户出具维护手册(1分)		
			获取用户及车辆信息,并正确记录在预检单上(1分)		
			确认用户维修/维护需求(2分)		
			检查车辆外观并在预检单上正确记录(注意图文一致)(共计6个检查项,每项0.5分)(3分)		
			检查车辆发动机舱并在预检单上正确记录(共计7个检查项,每项0.5分)(3.5分)		
			随车工具及车辆附件检查(共计9个检查项,每项0.5分)(4.5分)		
			提醒用户贵重物品随身携带,询问用户是否有其他需求(1分)		
			车辆环车检查结果告知用户,双方签字确认,并对于缺失的附件、工具或车辆的刮擦的处理方法(1分)		
			引导并陪同用户到休息区,并递送茶水或饮料(1分)		
			服务顾问完善预检单中在举升机上的项目检查记录(1分)		

续上表

序号	评分要点	标准要求	评分标准	分值	得分
维修确认					
6	维修项目确认	依据预检单确认派工单维修项目	根据预检单，准备派工单，初步确立维修项目、备件以及维修工时，在 DMS 系统上进行输机，并将备件名称、备件费用以及工时简明扼要地记录在预检单上(5 分)	5	
7	维修项目说明	向用户说明本次维修/维护工作内容，费用及时间	邀请用户到接待前台(1 分)	5	
			向用户说明所报故障的生成原因及故障处理方法(2 分)		
			说明本次维修内容、维修预估费用及预估交车时间(若涉及维护项目，要借助维护表单进行项目解释(2 分)		
8	派工单签订	维修项目确认及派工单签订	在 DMS 系统上对实步开具的派工单进行修改和完善，并打印(2 分)	10	
			利用派工单再次与用户核实维修项目，有无遗漏，并说明维修费用为预估费用，实际费用以结算单为准(2 分)		
			征询用户(自费维修)更换下来的旧件是否带走(1 分)		
			征询用户是否需要免费汽车(1 分)		
			征询用户若在维修过程中有新增的维修项目以何种方式确认(1 分)		
			派工单最后确认无误后，双方签字确认(1 分)		
			引导用户到休息室休息等候，提供适当的娱乐休闲方式，告知用户立即派工，并会随时跟踪车辆维修进度情况及告知用户(2 分)		
维修结算、车辆支付					
9	维修内容解释及开具发票	车辆检查	检查确认车辆内外的清洁度、旧件、是否洗车(1 分)	15	
			根据派工单，确认所有项目(收费和免费)是否完成，是否满足用户的要求(1 分)		
		确认书面工作	检查所有单据是否齐全(1 分)		
			核对维修费用，包括备件费、工时费(1 分)		
		打印结算单	利用 DMS 系统完成并打印结算单(1 分)		
			涉及维护项目在《质量担保和维护手册》进行维护记录，并加盖服务站印章(1 分)		
			面带微笑，礼貌地通知用户提车(1 分)		

续上表

序号	评分要点	标准要求	评分标准	分值	得分
9	维修内容解释及开具发票	向用户详细说明维修/维护和费用的内容	耐心地说明每个维修/维护项目的工作过程和结果(1分)	15	
			说明本次维修为用户提供的11项免费检测项目(1分)		
			详细说明维修费用,特别是优惠或免费费用(2分)		
			利用《维修/维护质检单》,向用户建议近期要做的维修,并提醒用户下次维护的里程和时间(2分)		
		维修费用结算	请用户在结算单上签字确认(1分)		
			向用户说明付费方式,并陪同用户结算(1分)		
10	车辆支付	交车准备	结算后将所有单据(派工单、维护表单、维修/维护质检单、维修质检表、预检单、结算单、发票)整理好后同《质量担保和维护手册》、车钥匙、行驶证一起交给用户(2分)	15	
		交车说明	向用户说明更换下来旧件已按要求处理、展示免费项目、收费项目的处理结果,如免费划痕处理等(3分)		
			将静电贴贴在车窗座上位置,并提醒下次维护的时间和里程(1分)		
			向用户说明在维修/维护过程中已做过的调整,并烦请用户按照自己的驾驶习惯调整(2分)		
		意见征询	征询用户对本次服务满意程度,以及意见和建议(2分)		
			向用户强调如有任何问题可与服务顾问本人进行联系,并递送名片(2分)		
		与用户道别	当着用户的面取下车辆防护五件套(1分)		
			将用户送至服务站门口,致谢,目送用户离开(2分)		
用户回访					
11	用户回访	是否按照要求进行用户回访	征询用户维修/维护后车辆情况(2分)	5	
			对于本次维修/维护是否满意(1分)随后的客服回访提醒(1分)		
			与用户保持联系,礼貌在用户之后挂电话(1分)		

第四章 Chapter 4

汽车维修/维护质量管理与控制

学习目标

通过本章的学习,你应当能:

1. 了解汽车维修/维护质量检查岗位职责与要求;
2. 熟悉汽车维修/维护质量检查流程;
3. 掌握汽车维修/维护质量检查工作要素及表单填写;
4. 了解全面质量管理及方法。

汽车维修/维护质量包括汽车维护/维修技术质量和服务质量。从技术角度讲,汽车维修/维护质量是指汽车维修/维护作业对汽车完好技术状况和工作能力维持或恢复的程度;从服务角度讲,汽车维修/维护质量是指用户对维修/维护的服务态度、水平、及时性、周到性及收费等方面的满意程度。提高维修/维护质量是提升用户满意度的关键环节之一。

第一节　汽车维修/维护质量检查岗位职责与要求

汽车经销商售后服务网点进行维修/维护质量检查通常分为自检、互检、质检三步骤。自检由维修班组维修技工对汽车所做的维修项目进行自我检查;互检由所在维修班组班组长在自检的基础上再次检查;质检由专职质量检查员对汽车维修项目进行全面的质量检查。质检通常也称为终检,是控制和提高汽车维修/维护质量的关键工作。

一、汽车维修/维护质量检查员工作职责

汽车维修/维护质量检查员工作职责包括以下内容：

(1)负责对所有进厂维修的汽车进行维修/维护质量检查。

(2)负责对汽车疑难故障进行诊断、原因分析，并提出相应解决方案。

二、汽车维修/维护质量检查员工作任务

汽车维修/维护质量检查员工作任务包括以下内容：

(1)质量检查员根据汽车故障现象分析故障原因，判断是否需要对汽车进行道路测试，并将道路测试的结果告知服务顾问。

重复维修分析表 表4-1

日期：																				
售后负责人姓名：		①违反用户要求						②维修/维护质量							③汽车清洁			④发票与维修不一致		
质检员姓名：		用户/服务顾问交流不畅	服务顾问及维修班级交流不畅	派工单填写失误	没按期进行维护操作	维修人员忘记	其他	缺少专用工具或使用不当	培训能力方面不足	诊断失误	缺少备件	没有售后维修方法	没有执行技术文件的要求	其他	缺少设备(清洗设备)	没有使用防护罩(座椅套等)	维修时遗留的污垢	没有开具发票	编码错误	没有按实际工时率计算金额
派工单编号 / 维修工	维修工作简述																			

(2)汽车维修工作完成后,质量检查员对所有进厂维修的汽车进行维修/维护质量检查。

(3)质量检查员核查汽车维修/维护内容是否与用户报修内容相符,相关单据填写是否符合汽车厂商规范要求。

(4)若维修/维护质量检查不合格,在维修/维护质量检查表上注明返修内容及原因,要求维修班组实施返修直至返修后检查合格为止。

(5)汽车维修检查合格后向用户开具《汽车维修/维护质量检查单》(表3-7)。

(6)对重复维修进行统计分析,根据重复维修的内容及原因提出整改方案。重复维修分析表是经销商网点维修/维护质量的一种量化工具。售后网点可根据统计的数据,加强对网点维修人员的业务能力培训、设备的完备、管理人员的素质提升等。《重复维修分析表》见表4-1。

第二节 汽车维修/维护质量检查流程

汽车维修/维护质量检查工作是控制汽车维修/维护质量的保证。汽车维修的过程控制是有效提高维修/维护质量的积极手段和基本要求。通常用一套工作流程来方便汽车维修/维护质量员对汽车维修工作进行维修/维护质量检查。

一、汽车维修/维护质量检查工作流程

汽车维修/维护质量检查工作流程如图4-1所示。

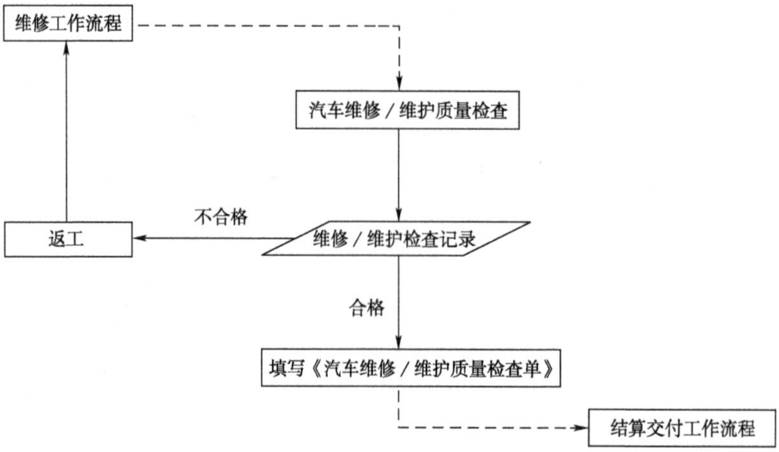

图4-1 汽车维修/维护质量检查工作流程

二 汽车维修/维护质量检查工作流程说明

1 汽车维修/维护质量检查

汽车维修/维护质量检查是根据技术规范和管理要求对进厂维修/维护的汽车进行全面的质量检查,包括对汽车维修/维护、服务各个环节进行监督和控制,确保维修/维护质量和服务质量,减少内返和外返的发生率,提高汽车用户满意度。

2 汽车维修/维护质量检查记录

汽车维修/维护质量检查记录是为了加强维修企业管理,便于售后跟踪。质量检查工作的内容在维修/维护质量检查单中进行详细记录,主要内容是对维修/维护、服务的各环节的评估记录,作为汽车维修/维护质量和服务质量改进的重要依据。

3 填写维修/维护质量检查单

维修/维护质量检查单是汽车维修、维护质量检查员对汽车维修、维护进行质量检查的结果进行评估,内容包括向用户承诺汽车维修/维护过程符合技术规范要求,汽车性能符合行业管理要求。经严格检查质量合格,让用户放心使用;温馨提示用户车辆年检时间和下次维修/维护的时间及具体内容;提醒用户正确维护车辆,近期需对车辆哪些方面特别关注,及时维护或维修。

第三节 汽车维修/维护质量检查工作要素及单据填写

汽车经销商为规范质量检查工作,通常用专用表单来指导售后网点的质量检查工作。

一 汽车维修/维护质量检查工作要素

汽车经销商借助维修/维护质量检查表对汽车进行维护、维修检查。《汽车维修/维护质量检查表》见表3-6。

二、汽车维修/维护质量检查表说明

1 对已完成的工作做检查

对已完成的汽车维修/维护工作检查分为:所有维修、定期维护、其他维修三部分。检查项目详细说明见表4-2。

已完成维修/维护工作检查项目说明 表4-2

已完成维修工作的检查	检查要素	说明
所有维修	使用汽车防护用具	是否使用汽车防护用具(如:脚踏垫、转向盘套、座椅垫、驻车制动套、换挡手柄套),监督接待人员的工作
	完成试车	根据维修内容,确定该次维修是否需要进行道路测试,如若需要,完成道路测试
	接车时目视检查	检查汽车进厂时有没有经过预检,查看维修前预检单
定期维护	正确选择维护工艺	检查是否选用正确的汽车维护表单
	在汽车维护表单上记录相关操作并将无关项划掉	检查汽车维护表单填写是否完整,有无漏项
	完成故障码阅读	检查维修人员是否用诊断工具检查删除故障码
	随机抽查3处目视项定期维护项目进行检查	对汽车维护表单上的内容随机抽查3处检查,看是否符合维护工艺要求,监督维修人员的工作
其他维修	按维修委托书上记录的项目进行操作	用户要求的维修内容是否得到处理,有没有漏项情况,监督维修人员的工作
	正确完成维修项目并安装好相应的附件	运用技术手段评估用户反映的故障现象是否消失,与维修内容相关的部位是否处理完整
	随机抽查4处目视项目进行检查	对照维修前预检单随机抽查4处进行检查,看是否和实际车况相符,检查接待人员工作细致程度

2 静态检查

静态检查主要是对汽车照明完好情况进行检查,也称照明信号功能检查。汽车用户对可视故障极为敏感,直接影响用户对汽车维修质量和服务质量的满意程度。汽车电子产品的不稳定因素会导致一些不可预期电路系统故障,质量检查时再次核实其完好性尤为重要。汽车维修/维护质量检查员应对静态检查的所有项目逐一核查,确保无故障。

3 动态检查

有些汽车故障不能仅从表面故障现象来判断故障原因或故障是否排除,需要通过道路测试寻找故障原因,或判断汽车故障是否消失。如:行驶噪声、动力总成运行情况、安全机构完好情况等都需要通过动态检查完成质量检查。维修/维护质量检查员应根据机动车竣工验收的标准实施动态检查项目,特别注意汽车安全部件的核查,确保汽车用户车辆安全和汽车用户人身安全。

4 维修/维护质量检查确认

汽车维修/维护质量符合标准后,质量检查员填写《汽车维修/维护质量检查单》,将所有单据交给服务顾问存档备案,服务顾问安排汽车交付前的准备工作。

二 维修/维护质量检查表的填写

汽车厂商为规范汽车经销商售后服务网点的质量检查工作,规定质量检查人员要完成相关表单的填写并存档,以达到质量控制的目的。

1 维修/维护质量检查表填写要求

(1)维修/维护质量检查表中“对已完成的工作做检查”栏如图4-2所示,要求质量检查员逐项进行核实,并将检查的结果在是或否方框内做标记。

			是	否
对已完成的工作作检查	所有维修	使用汽车防护用具	□	□
		完成试车	□	□
		接车时目视检查	□	□
	定期维护	正确选择维护工艺	□	□
		在维护工艺卡上记录相关操作并将无关项划掉	□	□
		完成故障码阅读	□	□
		随机抽查3处定期维护项目进行检查	□	□
	其他维修	按维修委托书上记录的项目	□	□
		已正确完成相关维修项目并安装好相应附件	□	□
		随机抽查4处目视检查项目进行检查	□	□

图4-2 维修/维护质量检查表中“对已完成的工作做检查”栏

(2)维修/维护质量检查表中“静态检查”栏如图4-3所示，根据汽车照明信号的检查要求，逐项进行检查，并注明好或坏。在汽车维修过程中发现的故障，服务顾问告知用户后而用户本次不做处理的情况下，质量检查员应在待查栏做标记。

			好	坏	待查
静态检查	功能性检查	位置灯	□	□	□
		近光灯–近光灯	□	□	□
		转向灯	□	□	□
		制动灯	□	□	□
		倒车灯–牌照灯	□	□	□
		前后雾灯	□	□	□
		内部照明	□	□	□
		安全信号灯	□	□	□
		仪表显示(时间设定)	□	□	□
		喇叭	□	□	□
		刮水器功能/清洗液	□	□	□

图4-3　维修/维护质量检查表中“静态检查”栏

(3)维修/维护质量检查表中“动态检查”栏如图4-4所示。根据汽车路试的要求，检查各项是否符合技术要求。如需试车根据试车情况填写，否则用斜线划去。对服务顾问建议用户维修而用户不同意维修项目，故障现象还存在的情况，质量检查员需查看派工单记录，核实后在待查栏标记。

		好	坏	待查
动态检查	前行 / 倒车换挡	□	□	□
	发动机运行	□	□	□
	直行跑偏	□	□	□
	制动跑偏	□	□	□

图4-4　维修/维护质量检查表中“动态检查”栏

(4)维修/维护质量检查表中“质量检查”栏如图4-5所示。如果第一次检查全部合格，在汽车第一次检查“好”的下方做标记并签字。如果第一次检查不合格，在汽车第一次检查“坏”下方做标记，并签名。对需要返修的汽车，在返工描述栏注明返工的内容及原因，并交给车间进行维修。维修完毕仅对返工的内容按照质量检查的要求，进行仔细检查，确认故障消失，并对质量维修/维护表上相应检查项做标记，最后在返工后检查合格栏签字确认。

质量检查	
车辆第一次检查　好 ☐　坏 ☐	返工后检查合格
签字:________________	签字:________________

图 4-5　维修/维护质量检查表中“质量检查”栏

2 维修/维护质量检查表特殊检查项目填写说明

(1)维修/维护质量检查表“定期维护”检查栏要求对汽车维护表单操作项随机抽查3处进行质量检查,并在汽车维护表单中核查栏做出标记如图4-6所示。

标准操作

其他 ☐　5W30 ☐　10W40SJ ☐

	操作	核查
■ 更换:		
— 发动机机油	☐	☑
— 机油滤清器	☐	☐
■ 检查以下液面,必要时添加:		
— 冷却液(包括检查浓度)	☐	☑
— 风窗玻璃洗涤液	☐	☐
— 制动液	☐	☑
— 蓄电池电解液(依类型而定)	☐	☐
— 动力转向液(依车型而定)	☐	☐
■ 检查,必要时更换		
— 管路系统、发动机和变速器壳体的密封和状况	☐	☐
— 传动轴,球销(包括变速操纵杆)和转向齿条防尘套密封和状况	☐	☐
— 三角臂和连接杆球头的密封及状况	☐	☐
— 前后减振器密封和状况	☐	☐
— 排气管路和车身底部状况	☐	☐
— 轮胎磨损状况、压力和力矩	☐	☐

图 4-6　汽车维护表单核查

(2)维修/维护质量检查表“其他维修”栏中随机抽查4处目视检查项目进行检查,主要检查当前汽车状况和维修前预检是否一致。质量检查员以检查外观状态为主,发现异常情况及时查看维修前预检单的信息。如果不符合需向服务顾问核实,并及时处理,以免与用户发生责任纠纷。维修前预检单核查如图4-7所示。

(3)填写《汽车维修/维护质量检查单》。维修/维护质量检查单是由质量检查员和服务顾问共同完成的,汽车经销商使用的维修,维护质量检查单填写样表如图4-8

所示。图中(9)～(17)项由服务顾问填写,服务顾问对用户汽车下次维护或维修的时间进行温馨提醒,注明下次维修或维护操作的具体内容。为方便用户联系,留下汽车经销商售后服务网点联系方式。其余部分由质量检查员完成。质量检查员在

外观情况	好	坏	维修
☐ 车门玻璃和风窗玻璃状况	☐	☐	☐
☐ 前/后灯状况	☐	☐	☐
☑ 车身和油漆状况	☐	☐	☐
☑ 刮水器状况	☐	☐	☐
☑ 前轮轮胎的状况	☐	☐	☐
☑ 后轮轮胎的状况	☐	☐	☐

图 4-7　维修前预检单核查

维修/维护质检单	
尊敬的　王 ×× (1)　先生/女士:	
▌ 对于您在 ×× (2) 年 ×× (3) 月 ×× (4)日报修/维护的车辆(车辆号:× ×××(5))。我们已经完成所有项目。(维修委托书编号:RA× ×× ×(6))。经过检查,我们确认此次维修/维护符合东风雪铁龙售后工艺标准。	
▌ 经本次对您车辆的维护,我们建议您的车辆还应进行下列操作: 尽快进行: 制动摩擦片更换 (7)	
还需进行: 左前转向灯泡更换 (8) ▌ 根据东风雪铁龙相关车辆定期维护、中间检查规定,我们建议: 当您的车辆行驶里程达到 ×××× (9) km或时间到 ×× (10) 年 ×× (11) 月 ×× (12) 日前,请您驾车到我站进行:	
(√ (13))维护	((14))中间检查
维护主要工作项目	中间检查主要工作项目
☑ 更换发动机机油和机油滤清器	☐ 检查、添加发动机机油
☑ 检查或更换冷却液、制动液、动力转向液	☐ 检查或添加冷却液、制动液、动力转向液
☑ 检查传动轴、转向机的密封性及状况	☐ 检查传动轴、转向机的密封性及状况
☑ 检查前、后减振器状况及蓄电池状况	☐ 检查轮胎磨损、轮胎压力
☑ 检查前、后制动摩擦片(盘)的磨损状态	☐ 检查前制动摩擦片(盘)的磨损状态
☑ 使用PROXIA读取自诊断内存,对维修指示器初始化	☐ 清洁空气滤清器
☐ 其他: 无 (15)	☐ 其他: 无 (16)
服务热线: 400××××× (17)	
质检员签字: 梅×× (18)	日期: 2011年5月25日 (19)

图 4-8　维修/维护质检单填写样表

汽车维修/维护质量检查合格后,依次对汽车用户进行维修/维护质量检查后承诺,让用户知晓本次维修/维护符合汽车厂商的工艺标准。根据检查结果和汽车用户车辆状况,给用户提出合理化建议并分别填写在《汽车维修/维护质量检查单》中"尽快进行"和"还需进行"栏处,引导用户正确使用汽车,保证汽车完好状态,延长车辆使用寿命。最后由质量检查员签名并注明质量检查单填写的日期。

(4)填写《重复维修分析表》(表4-1)。维修/维护质量检查员在质量检查过程中若发现有返工项目,及时将质量检查不合格的汽车交还给维修班组返修,并将返工项目内容、返工原因以及维修派工单号和维修工姓名如实填写在《重复维修分析表》中,并定期进行统计和分析,将分析的结果和改进措施在质量分析会上进行说明,以期达到汽车维修/维护质量控制和质量管理提升。

第四节 汽车维修/维护全面质量管理及方法

汽车维修/维护全面质量管理是为了保证和提高汽车维修/维护质量所进行的调查、计划、协调、控制、检验、处理及信息反馈等各项活动的总称。

一 汽车维修/维护全面质量管理的内容

汽车维修/维护全面质量管理包括经销商网点所有人员及所有方面进行的质量管理工作,如售后网点人员的工作能力、维修/维护工具设备完好性和可靠性、汽车备件质量的高低、维修/维护工艺规范、维修/维护工作环境管理、安全生产管理、售后网点员工的质量意识和服务理念的形成等。

二 汽车维修/维护全面质量管理的任务

汽车维修/维护全面质量管理的任务有以下几个方面:

(1)提高售后网点全员质量意识。

(2)制订全面质量管理的目标和方针。

(3)严格制订汽车维修/维护质量检查制度和监督机制。

(4)建立健全质量管理体系并不断完善。

三 汽车维修/维护全面质量管理特点

汽车维修/维护全面质量管理有以下几个特点：

(1)全员管理、全方位管理、全过程管理。

(2)把事后检验变为事前预防。

(3)把检验结果管理变为全过程管理。

(4)把产品管理扩展为对人员、设备、备件、环境、方法的管理。

四 汽车维修/维护全面质量管理方法

汽车维修/维护全面质量管理通常采用 PDCA 循环管理,如图 4-9 所示。PDCA 包括四个阶段八个步骤。

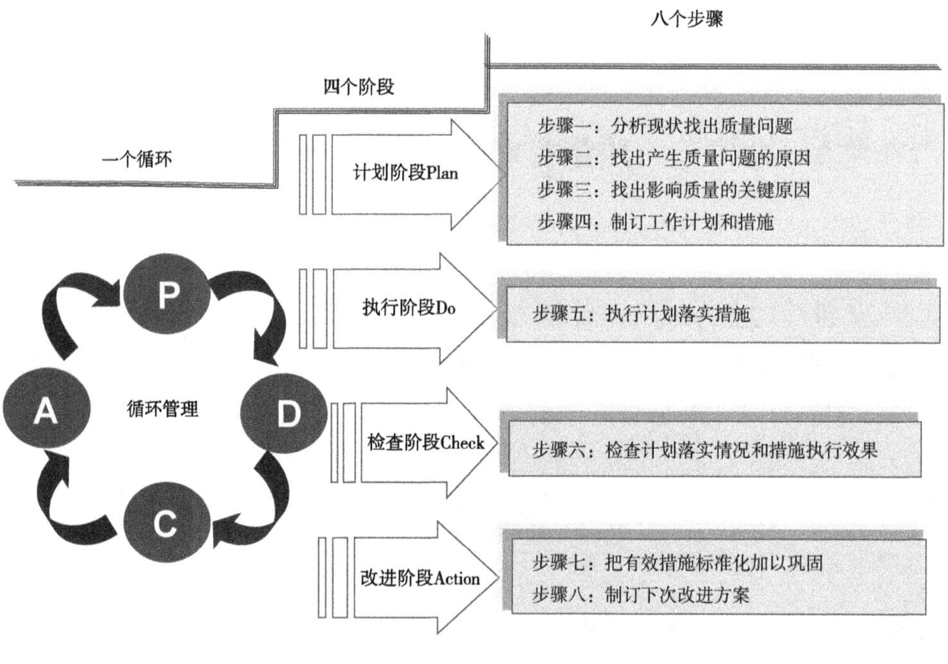

图 4-9 PDCA 循环图

(1)计划阶段(P)。

步骤一,分析现状找出质量问题;

步骤二,找出产生质量问题的原因;

步骤三,找出影响质量的关键原因;

步骤四,制订工作计划和措施。

(2)执行阶段(D)。

步骤五,执行计划落实措施。

(3)检查阶段(C)。

步骤六,检查计划落实情况和措施执行效果。

(4)改进阶段(A)。

步骤七,把有效措施标准化加以巩固;

步骤八,制订下次改进方案。

第五章 Chapter 5

汽车质量担保业务

学习目标

通过本章的学习，你应当能：

1. 了解汽车质量担保鉴定员岗位职责与要求；
2. 熟悉汽车质量担保工作流程；
3. 掌握汽车质量担保工作内容；
4. 了解24h救援服务；
5. 掌握汽车质量担保旧件管理流程。

汽车质量担保是汽车制造厂商对汽车用户的承诺。用户对汽车售后服务工作的评价，很大程度上取决于质量担保工作开展得是否迅速和有效。汽车质量担保鉴定员应向用户提供专业的汽车质量担保服务，从而树立汽车品牌及其经销商售后服务网点的良好形象。

第一节　汽车质量担保鉴定员岗位职责与要求

汽车经销商售后服务网点是汽车质量担保工作的实施方，用户故障汽车或汽车故障件的质量担保由质量担保鉴定员和服务顾问这两个核心岗位具体实施。

一、质量担保鉴定员的工作任务

质量担保鉴定员的工作任务包括以下内容：

(1)向用户宣传汽车品牌质量担保政策。

(2)认真检查汽车故障,准确判断责任方。

(3)负责对用户的汽车提供质量担保服务。

(4)对用户不合理的质量担保要求,按照汽车品牌质量担保规定向用户进行充分的解释。

(5)熟练操作汽车经销商服务管理信息系统,并及时申报各种质量担保鉴定单据信息。

(6)按照汽车厂商的规定,对质量担保更换下来的旧件进行标识、储运和处理。

二 质量担保鉴定员的工作责任

质量担保鉴定员的工作责任包括以下内容。

(1)避免用户直接向汽车厂商提出索赔。

(2)维护汽车厂商的利益及其汽车品牌形象。

(3)满足汽车用户合理的质量担保要求,尊重用户,维护用户的利益。

(4)对汽车质量担保的真实性和准确性负责。

(5)对汽车质量担保信息的准确性负责。

三 质量担保鉴定员资历和能力的要求

对质量担保鉴定员资历和能力的要求是:

(1)具有中专、中技或同等以上文化程度。

(2)1年以上维修经验。

(3)有较强的汽车故障检查、分析和判断能力。

(4)坚持原则,有较强的语言表达和沟通能力。

(5)计算机操作熟练。

四 质量担保鉴定员的行政或职务关系

质量担保鉴定员的角色定位是:

(1)由汽车经销商售后服务经理领导。

(2)汽车厂商保修业务室给予汽车经销商售后服务网点必要的技术、政策支持。

(3)与汽车经销商售后服务网点相关岗位(维修班组长、资料员、备件经理、备件库管员、财务等)之间保持密切联系。

第二节 汽车质量担保工作流程

一、汽车质量担保工作流程

汽车质量担保工作流程清晰地展现出每一个工作环节和步骤(图 5-1),便于指导本岗位从业人员规范地向用户提供质量担保服务。

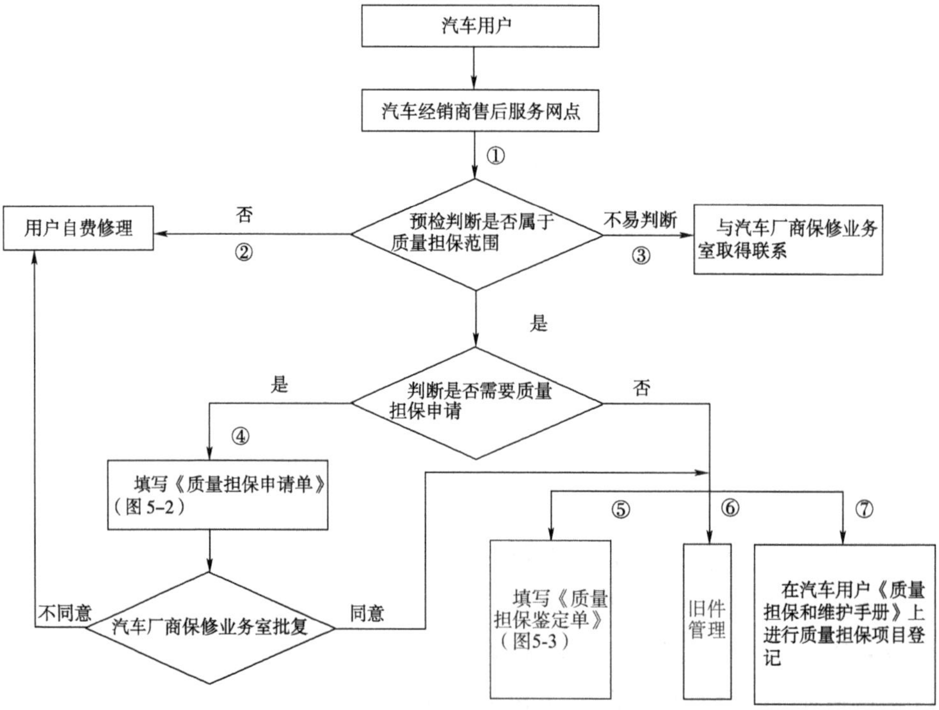

图 5-1 汽车质量担保工作流程

二、汽车质量担保工作流程说明

(1)图 5-1 中标注①:汽车经销商售后服务网点服务顾问协助保修鉴定员判断用户故障汽车或汽车故障件是否在质量担保期限,是否符合汽车质量担保条件。

(2)图 5-1 中标注②:非质量原因引起的汽车故障或汽车零部件故障,不属于汽车质量担保范围。

(3)图5-1中标注③:无法判定故障汽车或故障零部件是否是因质量原因造成的,汽车经销商售后服务网点质量担保鉴定员须与汽车厂商保修业务室联系,取得技术支持。

(4)图5-1中标注④:汽车经销商售后服务网点在开展质量担保业务时,某些质量担保项目需要向汽车厂商提交保修申请,保修鉴定员在汽车经销商售后服务管理系统中制作保修申请单(图5-2),并通过网络上传,经汽车厂商保修业务室同意后方可实施。

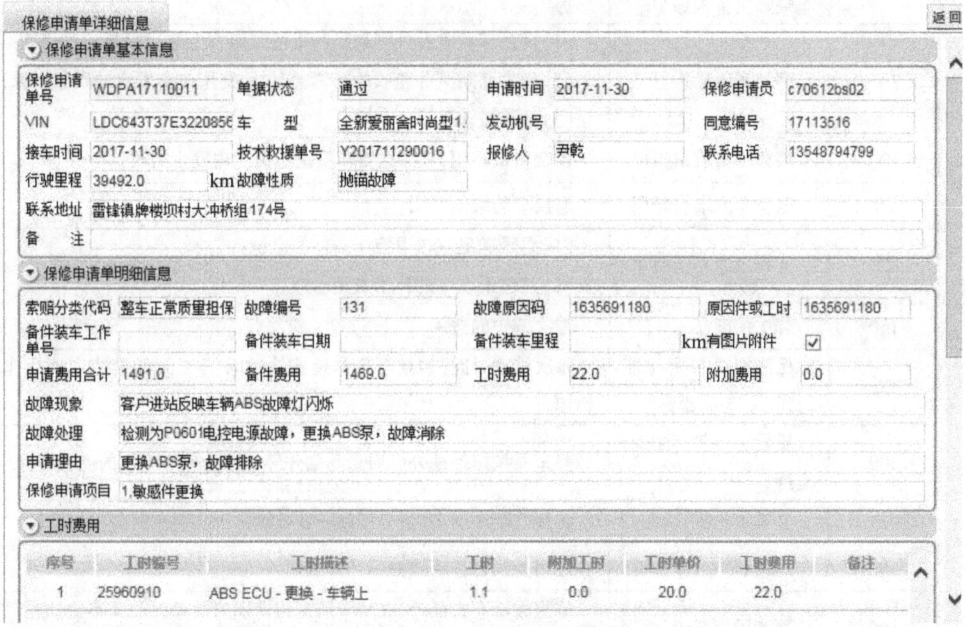
保修申请单详细信息 返回

保修申请单基本信息

保修申请单号	WDPA17110011	单据状态	通过	申请时间	2017-11-30	保修申请员	c70612bs02
VIN	LDC643T37E3220856	车型	全新爱丽舍时尚型1.	发动机号		同意编号	17113516
接车时间	2017-11-30	技术救援单号	Y201711290016	报修人	尹乾	联系电话	13548794799
行驶里程	39492.0 km	故障性质	抛锚故障				
联系地址	雷锋镇牌楼坝村大冲桥组174号						
备注							

保修申请单明细信息

索赔分类代码	整车正常质量担保	故障编号	131	故障原因码	1635691180	原因件或工时	1635691180
备件装车工作单号		备件装车日期		备件装车里程	km	有图片附件	☑
申请费用合计	1491.0	备件费用	1469.0	工时费用	22.0	附加费用	0.0
故障现象	客户进站反映车辆ABS故障灯闪烁						
故障处理	检测为P0601电控电源故障,更换ABS泵,故障消除						
申请理由	更换ABS泵,故障排除						
保修申请项目	1,敏感件更换						

工时费用

序号	工时编号	工时描述	工时	附加工时	工时单价	工时费用	备注
1	25960910	ABS ECU - 更换 - 车辆上	1.1	0.0	20.0	22.0	

图5-2 质量担保申请单

(5)质量担保申请单填写项目说明。

①故障性质:依据汽车故障严重程度等级,将故障性质划分为安全故障、抛锚故障、新故障、其他故障。故障性质说明见表5-1。

故障性质说明 表5-1

故障性质	说明
安全故障	所有因车辆失控或汽车损坏而对驾驶员、乘客及周围人员可能造成伤害的故障,如制动系统、转向系统的故障等
抛锚故障	造成车辆不能起动或不能再次起动导致车辆停驶的故障,如:起动机失效,蓄电池无电,离合器拉索断裂等
新故障	以前在网点辖区或维修活动中没有发生或遇到过的故障
其他故障	指除上述三种故障以外的故障

②索赔分类代码：依据汽车使用周期，以质量担保可能产生的时间节点为分类标准，将汽车质量担保进行分类，并以代码表示。索赔分类码在进行汽车故障统计、费用分析及向供应商索赔工作中起着重要的作用。××品牌轿车索赔分类代码见表5-2。

××品牌轿车索赔分类代码表　　表5-2

序号	分类号	适用范围	说明
1	TRA	运输商责任的商品车缺陷质量担保	在验车过程中确认的属运输商责任的缺陷，如运输过程中的划痕、变形等
2	VNE	商品车质量担保	（1）商品车验收及外观缺陷的责任判定方为非运输商； （2）经销商购买并验收的车辆，交付最终用户前发生的质量担保； （3）油漆类除外
3	0	整车正常质量担保	在交付最终用户后，在整车质量担保期内发生的质量担保
4	10	退换车的维修费用	退换车的维修费用
5	11	退换车的补偿费用	（1）是否满足三包退换车条件的申请； （2）三包退换车的补偿费用申请
6	150	首次维护	首次维护的费用
7	20	保修期内每次修理时间>5天的维修	每次修理时间（包括等待修理备件时间）>5天的维修和代用车补偿费用
8	300	质量担保期外技术支持	整车质量担保期外因质量问题并经保修业务室同意的质量担保
9	301	二手车保修	参加二手车认证后，经保修业务室确认的二手车质量担保
10	302	经销商外出服务费	经销商到合作经销商服务的费用
11	500	油漆质量担保	排除运输商责任外，在整车质量担保期内所有因油漆本身质量问题发生的质量担保
12	600	商务补偿	由东风雪铁龙同意承担并通过经销商对最终用户的商务支持
13	700	总成延保	用户支付一定费用购买部分总成件的延长保修产品，在这些总成件的延长质量担保期内因产品质量问题所发生的质量担保
14	800	备件正常质量担保	用户在经销商购买并装车的备件在备件担保期内因质量问题所发生的质量担保，易损件按照易损件的期限执行
15	810	备件技术及商务支持	（1）备件在销售或索赔给最终用户时（如装车或试车时）发现已经损坏的； （2）用户在经销商购买并装车的备件在备件担保期外，因质量问题并经保修业务室同意的质量担保
16	900	延长保修	用户支付一定费用，在购买的延长质量担保期内因产品质量问题所发生的质量担保
17	950	精品导航质量担保	精品导航的工时申报
18	X..	预防行动	东风雪铁龙指定并要求对某些车辆进行的返修及召回工作（包括商品车、质量担保期内及质量担保期外）

续上表

序号	分类号	适用范围	说明
19	Y..	质量担保旧件运费	经销商发运质量担保旧件的费用
20	VNA	出租车加装软轴	如欧标加气站地区车辆加装欧标加气口
21	CNG	CNG车专用件的维修	由富康洁能专修CNG车专用件的维修费用

③故障编码:由三位数字组成,每个故障编码都有其特定的含义。第一位字符描述的是故障发生的部位或系统;第二位、第三位描述的是故障的症状、故障零部件的缺陷和特征等。

④故障处理:售后服务网点对汽车用户反馈的汽车故障现象作详细诊断后,提出的处理方案。

(6)需要申请的项目:

①质量担保单张单据的保修结算价(包括:工时、备件和附加费用)超过5000元(含税)。

②运输商责任的商品车保修(分类号:TRA)。

③同时要求提供以下附件:a.轿车运输单扫描件;b.局部受损照片;c.远距离受损照片;d.车身号照片;e.仪表里程照片。

④制造商技术支持中规定需要保修申请的项目。

⑤二手车保修(分类号:301)。

⑥同时要求提供以下附件:二手车认证证书扫描件。

⑦油漆的保修(分类号:500),油漆保修价格参见附件。

⑧同时要求提供以下附件:a.局部受损照片;b.远距离局部照片;c.车身号照片;d.仪表里程照片;e.车牌号照片(VNE、TRA)除外。

⑨商务补偿(分类号:600)。

⑩总成保障的任何维修(分类号:700)。

⑪旧件运费超过3000元(含税)(分类号:Y..)。

⑫同时要求提供以下附件:运费发票扫描件。

⑬全车玻璃包括前后风窗玻璃、四门玻璃、前后三角玻璃的更换。

⑭同时要求提供以下附件:a.前风窗玻璃厂家的鉴定报告扫描件;b.玻璃上的品牌标志照片;c.局部受损照片;d.远距离受损照片。

⑮变速器送修(包含4S店送修费用和变速器厂大修变速器费用)。

(7)图5-1中标注⑤:汽车经销商售后服务网点保修鉴定员在汽车经销商售后服务管理系统中制作质量担保鉴定单(图5-3),通告汽车厂商保修业务室某例汽车用户质量担保项目，便于汽车厂商时时掌握售后服务网点质量担保业务的开展情况。

保修鉴定单明细

基本信息

保修鉴定单号	18A500205A	单据状态	已结算	申请时间	2018-12-27	保修申请员	c70612bs02
VIN	LDCC23149G1437229	车　　型	14款C4L智驱版1.6THP自	发动机号		购车日期	2016-04-28
车牌号	湘A8L08K	接车时间	2018-12-27	行驶里程	14818 km	使用性质	
报修人	许凯	联系电话	18900702872	联系地址	商家巷17号		
同意编号活动编号	CZK17S	故障性质	其他故障	维修工作单号	20181227003	故障反馈单号	
备　　注							

明细信息

索赔分类代码	预防行动	故障编码	134	故障原因码		原因件或工时	YL00470180
备件装车工单号		备件装车日期		备件装车里程	km	有图片附件	☐
申请费用合计	101.94	备件费用	83.94	工时费用	18	附加费用	0
故障现象	CZK17S						
故障诊断/故障分析	CZK17S						
故障处理	CZK17S						

图 5-3　质量担保鉴定单

（8）图 5-1 中标注⑥：参见本章“第五节 汽车质量担保旧件管理”的相关内容。

（9）图 5-1 中标注⑦：汽车用户《质量担保和维护手册》。

第三节　汽车质量担保工作内容

质量担保鉴定员的工作是负责确定用户车辆的质量担保范围，向汽车厂商定期申报质量担保的相关数据，追索合理的质量担保费用，返回更换的质量担保旧件。

一　整车质量担保

1　整车质量担保期限

（1）整车质量担保。

从用户购车开发票之日起开始计算，在汽车厂商给定的汽车使用年限或里程（以先达到者为限）内，享受汽车厂商提供的汽车整车质量担保服务。不同汽车品牌整车质量担保期限规定见表 5-3。

不同汽车品牌整车质量担保期限　　表 5-3

汽车品牌	使用性质	质量担保期限
东风雪铁龙	经营性质	使用1年或行驶10万km(以先达到者为限)
	其他性质	使用3年或行驶10万km(以先达到者为限)
上海大众	非经营性质	PASSAT领驭车型:使用3年或行驶6万km 其他车型:使用3年或行驶10万km(以先达到者为限)
东风日产	非经营性质	使用3年或行驶10万km(以先达到者为限)
东风标致	非经营性质	使用3年或行驶4万km(以先达到者为限)

(2)质量担保期限。

从用户购车开发票之日起计算,该日期应在汽车用户《质量担保和维护手册》上记载。

案例分析1:某用户2016年1月15日购买一辆东风雪铁龙C5天逸,于2018年5月12日车辆行驶35325km,因质量原因更换散热器,在2019年2月22日车辆行驶65437km时因质量问题散热器漏水,请问该散热器能否质量担保?为什么?

解析:____

2 整车质量担保条件

汽车在整车质量担保期内享受质量担保服务,车主必须出示“家用车质量担保整车三包凭证”和“首次维护证明”。家用车质量担保整车三包凭证如图5-4所示。

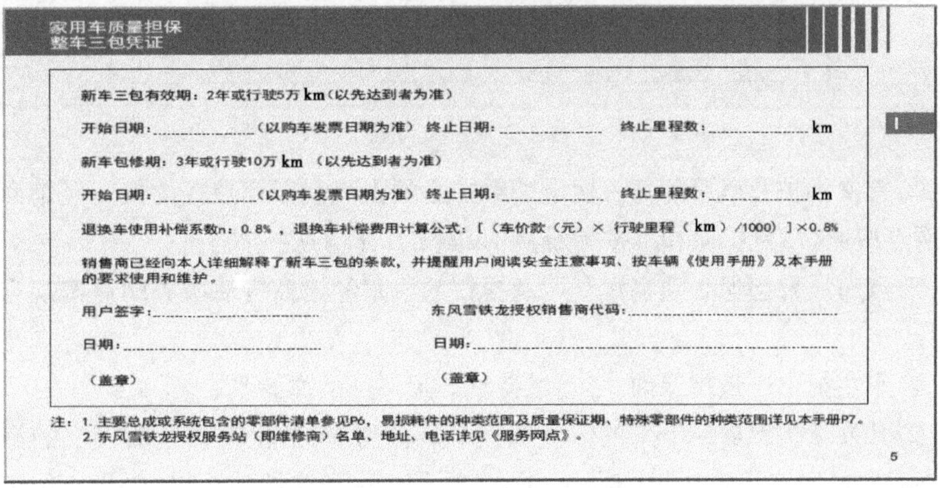
家用车质量担保
整车三包凭证

新车三包有效期:2年或行驶5万km(以先达到者为准)

开始日期:______(以购车发票日期为准) 终止日期:______ 终止里程数:______km

新车包修期:3年或行驶10万km (以先达到者为准)

开始日期:______(以购车发票日期为准) 终止日期:______ 终止里程数:______km

退换车使用补偿系数n:0.8%,退换车补偿费用计算公式:[(车价款(元)×行驶里程(km)/1000)]×0.8%

销售商已经向本人详细解释了新车三包的条款,并提醒用户阅读安全注意事项、按车辆《使用手册》及本手册的要求使用和维护。

用户签字:______　　东风雪铁龙授权销售商代码:______

日期:______　　日期:______

(盖章)　　(盖章)

注:1. 主要总成或系统包含的零部件清单参见P6,易损耗件的种类范围及质量保证期、特殊零部件的种类范围详见本手册P7。
2. 东风雪铁龙授权服务站(即维修商)名单、地址、电话详见《服务网点》。

5

图5-4　家用车质量担保整车三包凭证

(1)新车行驶到首次维护里程(表5-4)时必须到汽车厂商授权的汽车经销商售后服务网点进行首次维护,并由该网点在《质量担保和维护手册》中的首次维护证明上加盖保修业务章,如图5-5所示。

不同汽车品牌首次/定期维护间隔里程　　表5-4

汽车品牌	首次维护间隔里程(km)	定期维护间隔里程(km)
东风雪铁龙	7500	15000
上海大众	7500	7500
东风日产	5000	5000
东风标致	5000	5000

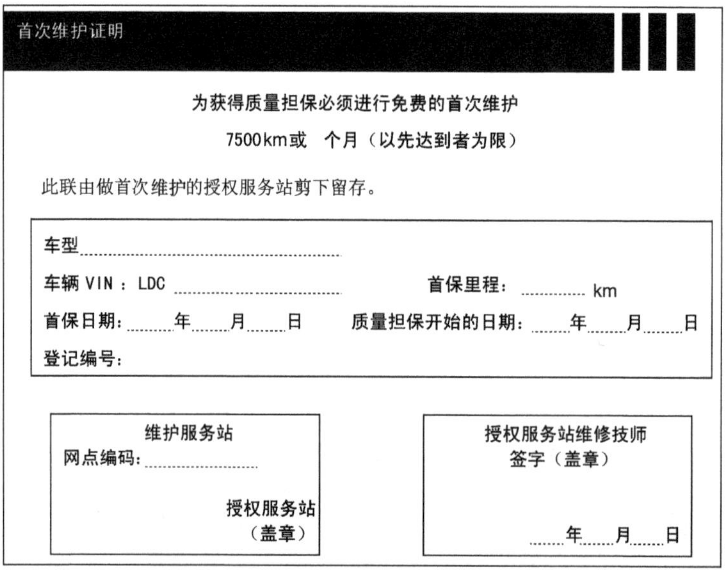

首次维护证明

为获得质量担保必须进行免费的首次维护

7500km或　个月（以先达到者为限）

此联由做首次维护的授权服务站剪下留存。

车型

车辆VIN：LDC　　首保里程：　km

首保日期：　年　月　日　　质量担保开始的日期：　年　月　日

登记编号：

维护服务站
网点编码：
授权服务站
（盖章）

授权服务站维修技师
签字（盖章）
年　月　日

图5-5　首次维护证明

(2)首次维护及以后的每一次定期维护必须由汽车厂商授权的汽车经销商售后服务网点按照《质量担保和维护手册》和《维修手册》的规定进行。

(3)汽车质量担保必须在汽车厂商授权的汽车经销商售后服务网点按规定的程序进行。

(4)车主提出质量担保前,必须保持汽车损坏件的原始状态。

(5)凡质量担保更换下来的旧件归汽车厂商所有,暂由汽车厂商授权的汽车经销商售后服务网点代管,同时该网点须在《质量担保和维护手册》的质量担保记录中进行记录,如图5-6所示。

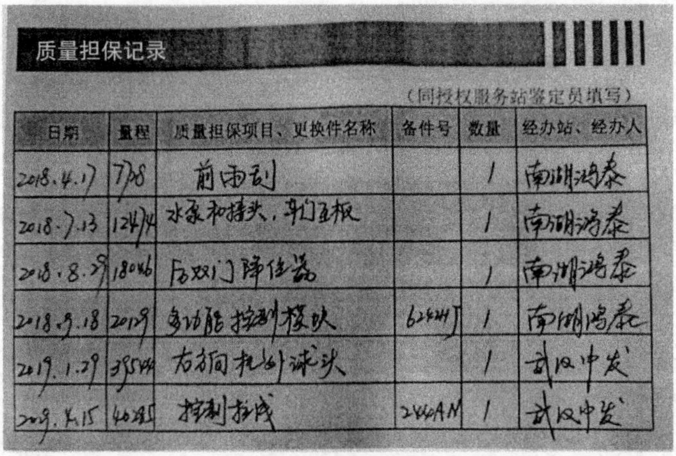

质量担保记录

（同授权服务站鉴定员填写）

日期	里程	质量担保项目、更换件名称	备件号	数量	经办站、经办人
2018.4.17	7708	前雨刮		1	南湖鸿泰
2018.7.13	12414	水泵和接头，[illegible]		1	南湖鸿泰
2018.8.29	18046	后双门[illegible]		1	南湖鸿泰
2018.9.18	20129	多功能控制模块	62441J	1	南湖鸿泰
2019.1.29	35544	右[illegible]球头		1	武汉中发
2019.4.15	40285	控制拉线	2460AM	1	武汉中发

图5-6　质量担保记录

3 整车质量担保原则

(1)因产品的制造、装配及原材料缺陷等因素而引起的损坏。

(2)由于质量缺陷件所引起的相关件的损坏,包括相关辅料损耗。

案例分析2:发动机出现烧机油的故障现象,经分析是由于活塞环质量原因引起的故障。需要更换活塞环、缸垫、螺栓和油封,密封胶也要重新涂。

解析:请将此案例维修方案中涉及的更换件按相关件、原因件、辅料分类并填写在表5-5中。

维修方案中的更换件　　表5-5

零件类型	更换件
相关件	
原因件	
辅料	

(3)质量担保费用包括:备件费、维修工时费和汽车厂商授权的汽车经销商售后服务网点的外出救援费。

二 汽车备件质量担保

1 汽车备件质量担保期限

(1)备件质量担保期:从车主购买备件并装车之日起计算。在汽车厂商给定的汽车备件使用年限或里程(以先达到者为限)内享受汽车厂商提供的汽车备件质量担保服务。

(2)备件质量担保适用于整车上原装车零部件。

(3)在该备件的质量担保期内,如需更换或维修该备件,不能延长该备件质量担保期。

案例分析3:某用户于2017年7月15日购买一辆东风雪铁龙两厢世嘉车私用,于2018年5月12日车辆行驶35325km,因事故原因用户到网点自费购买并安装神龙公司正厂散热器,在2019年4月3日车辆行驶65437km时因质量问题散热器漏水,请问该散热器能否质量担保?为什么?在2011年6月3日车辆行驶75468km时因质量问题散热器漏水,请问该散热器能否质量担保?为什么?

解析:____

____

____

____

案例分析4:某用户于2017年12月15日购买一辆富康车私用,同时网点赠送后玻璃电动升降器并安装,用户同日在网点购买神龙公司正厂防盗器并安装;在2019年4月3日车辆行驶42318km时右后玻璃电动升降器及导航出现质量问题,请问能否质量担保?为什么?

解析:____

____

____

____

2 备件质量担保条件

(1)建议在汽车厂商授权的汽车经销商售后服务网点购买备件,并由该售后服务网点装车。

(2)根据《质量担保和维护手册》和《维修手册》的要求,必须在汽车厂商授权的汽车经销商售后服务网点进行汽车定期检查维护。

(3)车主提出备件质量担保前,必须保持损坏件的原始状态。

(4)车主必须出示购买该质量担保备件的发票和装车时售后服务网点开具的维修委托派工单。

3 汽车备件质量担保原则

(1)符合汽车备件担保条件,经汽车厂商授权的汽车经销商售后服务网点确认,需要修理或更换的备件。

(2)汽车备件担保费用包括:备件费、维修工时费和汽车经销商售后服务网点的外出救援费。

(3)因备件质量原因所引起的相关件的损坏,包括相关辅料损耗。

第四节 24小时救援服务

在道路救援服务区域内,一旦车辆出现问题需要救助,汽车用户拨打汽车厂商24小时紧急服务热线,即可享受及时、专业的道路救援服务。汽车厂商通过领先、专业、网络化的售后服务系统给用户家一样的关怀。质量担保鉴定员救援产生的费用经审核后报汽车厂商保修业务室结算。

一、24小时救援服务规定

在下述情况下,汽车经销商售后服务网点须派人员和救援车辆进行现场救援服务:

(1)用户告知汽车出现抛锚故障或汽车无法继续行驶,要求进行救援或现场服务。

(2)接到汽车厂商服务部或呼叫中心救援服务通知。

二、24小时救援服务的要求

24小时救援服务有以下具体要求:

(1)汽车经销商售后服务网点须提供24小时电话咨询及救援值班服务,并公布值班电话。

(2)24小时救援服务人员应尽快行动,至少做到市区内2h到达现场,市区外4h到达现场,跨地区24h内到达现场。

(3)24小时救援服务须填写《外出救援总结》,注明救援服务的地点、往返里程、汽车故障现象,并由汽车用户签名确认,《外出救援总结》见表5-6。

(4)质量担保鉴定员要对《外出救援总结》中的“金额”进行审核,并报汽车厂商保修业务室结算。

外出救援总结　　　　表5-6

网点名称：　　　　　　网点编码：

VIN		发动机号		备件组织号	
车 牌 号		行驶里程		购车日期	
用户姓名		联系电话		救援日期	
救援地点、往返里程（km）		救援人员		金额(元)	
救援简述：					
故障原因：					
处理结果： 用户签字：					
鉴定员：			网点审核人：		
网点盖章：					
大区售后审核：					

第五节　汽车质量预防行动

汽车质量预防行动是汽车厂商保护汽车用户利益的积极行动。预防行动文件和内容只在汽车厂商以及旗下汽车经销商售后服务网点内部流通，由服务网点售后经理直接负责并确保执行。

一 汽车质量预防行动的目的和要求

1 汽车质量预防行动的目的

预防行动是对可能发生的故障采取的预防措施，是保护用户利益的积极行动。

2 汽车质量预防行动的要求

(1)汽车质量预防行动是汽车厂商的商务行为,其文件和内容只在汽车厂商内部以及汽车经销商售后服务网点(以下简称网点)内部流通。

(2)汽车质量预防行动由网点服务部长或售后经理负责,并确保执行。

(3)对网点的库存商品车和到网点进行维修/维护的车辆,全部需要通过汽车经销商管理系统核实,确定是否要进行相关的预防行动。

(4)属于主动预防行动项目的,网点要在90天内主动联系用户3次以上。

(5)所有预防行动项目相关的文件资料需存放在预防行动夹内,并由保修鉴定员妥善保管。

二 汽车质量预防行动的类型和目标

1 主动预防行动

主动预防行动即电话联系用户(必要时可以使用有回执的挂号信)实施的预防行动。其目标要求是:启动后6个月内完成95%。

2 被动预防行动

被动预防行动即在用户到网点进行维护或检修时实施的预防行动。其目标要求是:启动后6个月内完成70%。

三 汽车质量预防行动执行部门的工作职责

1 汽车厂商服务网点备件部工作职责

(1)只有汽车厂商才有权允许网点启动预防行动。

(2)确定预防行动文件及行动类型。

(3)发放各网点涉及的汽车任务清单。

(4)确保网点收到文件,并正确理解和执行文件。

(5)提供售后检查维修工艺。

(6)建立备件库存并向网点发放首批零件,后续备件由网点自行订购。

(7)确定预防行动所涉及费用的结算方法。

(8)确定预防行动维修更换的旧件的处理方法。

(9)提供预防行动对用户的信函和电话语言的标准内容。

(10)根据预防行动的类型和目标,检查网点完成情况。

(11)跟踪网点预防行动完成情况并采取必要的行动计划,以利于推进该项工作。

(12)对网点的维修工艺、维修质量和执行情况进行质量审查。

2 汽车经销商售后服务网点工作职责

(1)立即启动预防行动。

(2)对库存商品车予以冻结,在车辆得到维修前不得销售。

(3)所有商品车在新车准备前必须核实其是否涉及预防行动。

(4)订购后续备件。在返修启动时,汽车厂商将按网点商品车任务数的一定比例分配备件,该备件由网点支付费用。网点根据商品车清单和预防行动的进度,向备件部门订购后续的备件。

(5)组织实施、推进预防行动。

(6)将预防行动更换下来的旧件返回。

(7)向汽车厂商申请保修结算。

(8)按行动文件要求向汽车厂商反馈信息。

四 汽车质量预防行动的管理

1 汽车经销商售后服务网点预防行动关键岗位职责

(1)网点服务部长(或技术总监)负责整个预防行动的实施,包括涉及预防行动相关人员的安排、管理及实施结果审核。

(2)网点服务部长(或技术总监)负责文件资料的接收和人员培训。

(3)网点销售部长负责提供库存商品车清单和每天售车申报商品车清单。

(4)网点新车准备员负责商品车的行动查询。

(5)网点服务顾问负责进站维修汽车的行动查询。

(6)网点客服代表负责通知涉及主动预防行动的汽车用户来站实施预防行动。

(7)网点保修鉴定员负责在汽车经销商管理系统上申报预防行动单据,要求在开始行动24h内完成。

2 汽车质量预防行动车辆的类型及作业步骤

1 库存商品车

新车准备员负责库存商品车质量预防行动。

(1)网点销售部长在接受预防行动培训后,及时提供库存商品车清单(含二级网点商品车清单),对未销售的商品车加以标识,按预防行动文件要求予以冻结,并组织提供待实施预防行动的库存商品车。

(2)网点销售部长必须保证每天在售车申报前将清单交给新车准备员,进行预防行动的查询。

(3)新车准备员根据销售部提供库存商品车清单来确定待实施预防行动的车辆,随后通知服务顾问实施预防行动,并做好相应的行动记录。

(4)新车准备时必须在汽车经销商管理系统中核查全部车辆是否已经实施预防行动,防止在预防行动中遗漏清单中车辆。

(5)必须保证库存商品车在交付给用户之前完成车辆所涉及的预防行动的实施。

2 网点维修车辆

网点服务顾问负责维修车辆的汽车质量预防行动。网点服务顾问在接车时要查询汽车经销商管理系统,如该维修车辆有预防行动提示,由服务顾问负责引导、跟踪对该车辆实施预防行动。

3 未到网点维修的汽车

客服代表负责未到网点维修的车辆的汽车质量预防行动。针对涉及主动预防行动的汽车,由网点的客服代表根据预防行动汽车清单预约用户来网点实施预防行动。已通知用户来网点实施预防行动,但用户没有来网点参加预防行动,30天后需重新进行预约。每次电话预约,必须做好相应的记录,以备检查。

五 汽车质量预防行动查询系统使用说明

通过汽车经销商管理系统查询每一辆网点维修/维护的汽车是否属于预防行动的对象。在汽车经销商管理系统中输入委托维修派工单号如图5-7所示,界面弹出预防行动信息提示。在信息提醒的“内容”一栏内,显示该车涉及的预防行动代码。

同时,网点还必须使用预防行动查询系统核实在汽车经销商系统查询的结果是否正确,如图5-8所示。在预防行动查询系统中输入待查汽车的17位VIN号,搜索该汽车是否涉及预防行动。若该车涉及预防行动，将其对应的预防行动代码记录下来，并与汽车经销商管理系统中所查询到的该车预防行动代码进行核对，核对无误方可对该车实施质量预防行动操作。

图 5-7　汽车质量预防行动查询系统

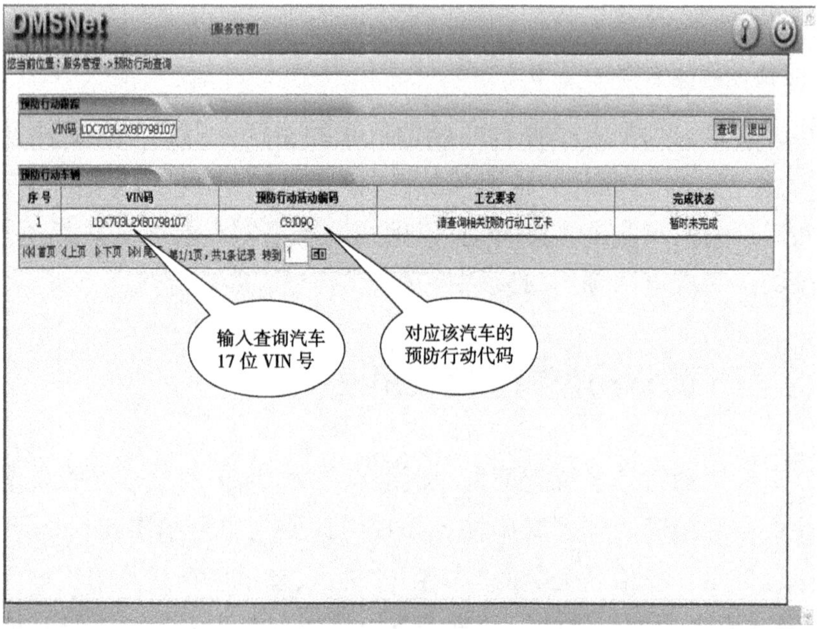

图 5-8　预防行动查询系统

六 联系质量预防行动涉及的汽车用户

根据预防行动的类型和文件要求,采取电话方式联系用户(必要时可以使用有回执的挂号信)。

1 用户电话

从销售部门获得用户的联系方式,由售后人员负责在预防行动启动后1周内通过电话预约所有用户到网点进行检查维修,电话语言的样本见表5-7,并必须保存电话记录。

特许服务站电话通知用户的内容 表5-7

尊敬的__________女士/先生:您好! 我是__________服务站的服务顾问__________,我们服务站是东风雪铁龙特约服务站,感谢您购买了×××(汽车品牌)的__________轿车。 根据我们的记录您的车辆VIN号为____________________(VIN序列号),生产厂家委托我们对您的车辆进行一次检查维修。(详见活动说明)。 此次维修对您是免费的,非常抱歉需要滞留您的爱车大约××h。对此给您造成的不便我们深表歉意,并对您百忙之中对我们工作的大力支持表示诚挚的谢意。 我们将给您和您的车辆提供优质服务,为了避免您在等待时花费过多时间,如有可能,您现在可否与我预约一个时间,以便我们妥善安排对您的车辆进行此项维修。 如果这辆车现已不属于您所有,希望您能告诉我们新车主的姓名及联络方式,我们不胜感激。 再次感谢您对我们的信任! 联系电话: 联系人:

2 用户信函

必要时网点在预防行动启动15天内,向所有用户发出挂号信,并保存信函的副本和回执,挂号信函的样本见表5-8。

网点信函通知用户的内容　　表 5-8

车辆 VIN 号：　　用户姓名：　　编号： 尊敬的________女士/先生：您好！ 我们是×××(汽车品牌)经销商售后服务网点 ××××××。 感谢您的信任购买了×××(汽车品牌)的轿车。 应汽车厂商质量方针的要求，我们要对您的××车(车身底盘号××××××)，进行一次检查维修活动(详见活动说明)。 这次检查维修对您是免费的，非常抱歉需要滞留您的爱车大约×h。对此给您造成的不便我们深表歉意，并对您百忙之中对我们工作的大力支持表示诚挚的谢意。 为了避免您在等待时花费过多时间，建议您与我们的服务网点进行预约，请致电________女士/先生，联系电话：×××××××××××；或者致电汽车厂商指定的其他汽车经销商售后服务网点，您都将得到×××(汽车品牌)的服务。 再次感谢您对我们的信任并请接受我们诚挚的敬意！ 此致 敬礼！ 销售经理： 企业盖章 --- 如果这辆车现已不属于您所有，希望您使用下面的单据告诉我们新车主的姓名及联络方式，我们不胜感激。 车辆 VIN 号： 车主姓名： 通信地址：　　城市： 邮编：　　电话：

3 注意事项

用户来网点实施预防行动后，网点服务人员应回访用户并表示感谢。

第六节　汽车质量担保旧件管理

汽车质量担保更换下来的零件(以下统称质量担保旧件)均属于汽车厂商所有，除汽车厂商明确规定不需要返回的零件外(例如：非质量原因，用户自费更换的零件)，其余的零件都必须返回汽车厂商。汽车厂商对汽车经销商售后服务网点的质量担保操作的规范性进行审核，监控汽车备件供应商生产质量，为汽车备件供应商提出质量改进依据，保障汽车厂商整车组装质量。

一 汽车质量担保旧件管理流程

汽车质量担保旧件管理流程如图 5-9 所示。

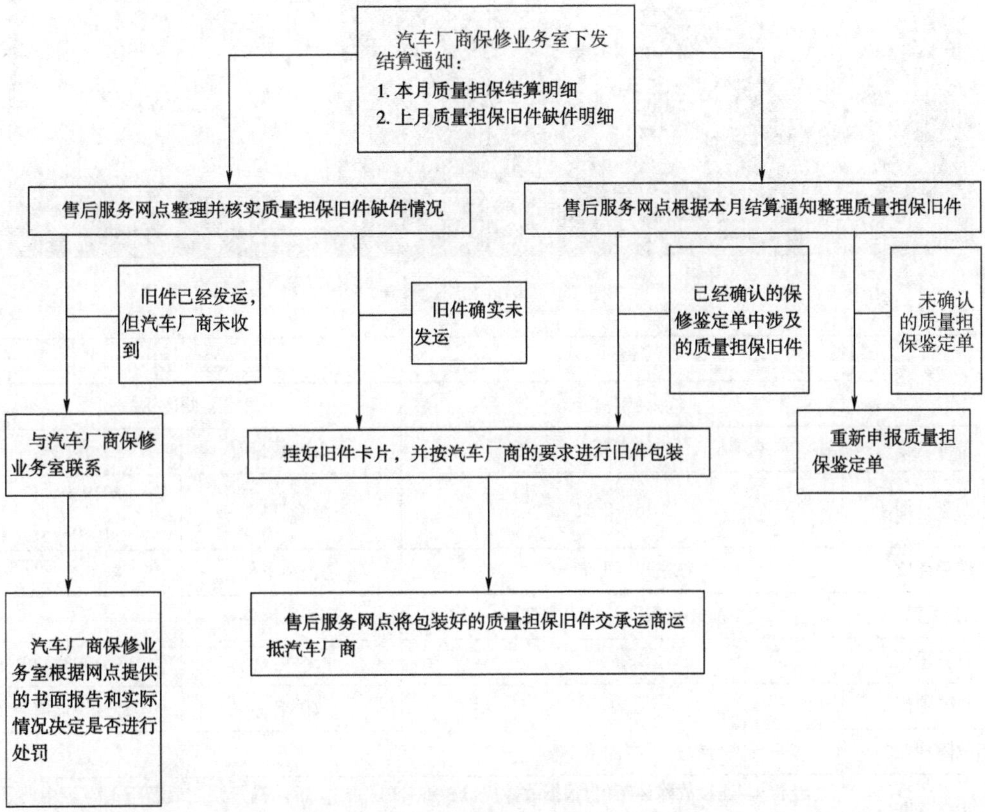

图 5-9 汽车质量担保旧件管理流程

二 汽车质量担保旧件卡片填写

(1)对于质量担保换下来的旧件,质量担保鉴定员应于更换的当天填写旧件卡片,并将卡片挂在旧件上,如图 5-10 所示。

(2)旧件卡片上填写的内容必须完整、清晰,如图 5-11 所示。

①零件名称:质量担保旧件名称。

②故障编码:根据故障件的故障原因,选择对应的故障编码。

③行驶里程:从汽车用户购车之日起计算至本次质量担保日期,故障汽车行驶的里程数。

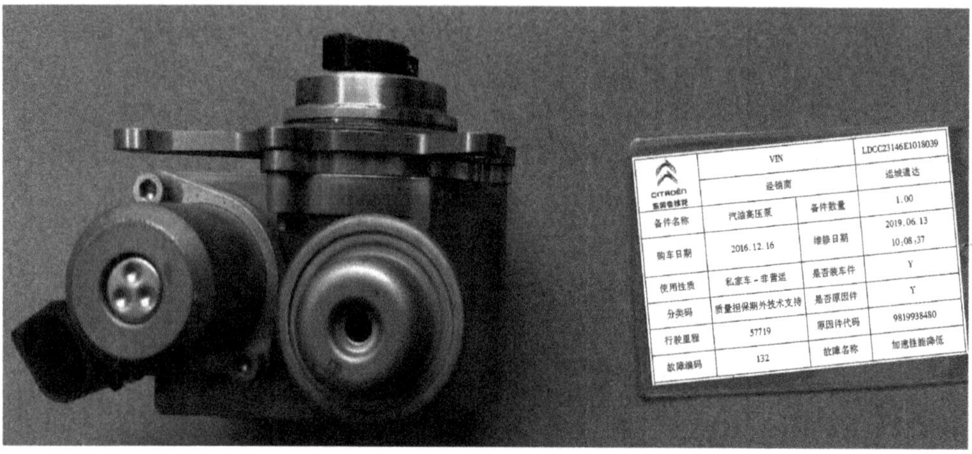

图 5-10 旧件和旧件卡片

CITROËN 东风雪铁龙	VIN	LDCC23146E1018039	
	经销商	运城通达	
备件名称	汽油高压泵	备件数量	1.00
购车日期	2016.12.16	维修日期	2019.06.13 10:08:37
使用性质	私家车－非营运	是否装车件	Y
分类码	质量担保期外技术支持	是否原因件	Y
行驶里程	57719	原因件代码	9819938480
故障编码	132	故障名称	加速性能降低
故障现象	客户反映行驶过程中加速不畅		
故障诊断	经检查：连接故障诊断仪，根据故障码分析混合气过浓。拆除高压泵之后留下的空腔中沾了一点里面的机油，闻一下，一股浓浓的汽油味，证实是高压泵泄漏了汽油		
故障处理	更换新的高压泵，外出试车，故障现象基本消失		
条形码 75764B19A000722A ZY00019815020080＊＊＊＊＊＊＊＊＊＊ ＊＊＊＊＊＊＊＊＊＊＊＊＊＊＊＊＊＊＊＊＊＊＊＊＊			

图 5-11 旧件卡片

④VIN：对应本次质量担保汽车的 VIN。

⑤网点名称：承担此次质量担保操作的售后服务网点名称。

⑥网点编码：承担此次质量担保操作的售后服务网点编码。

⑦鉴定单编号：经销商售后服务管理系统自动生成。

⑧担保日期：实施本次质量担保操作的具体时间。

(3)通常情况下,旧件卡片应牢固挂在旧件上,而不能拴在包装盒或包装袋上,如图5-12所示。

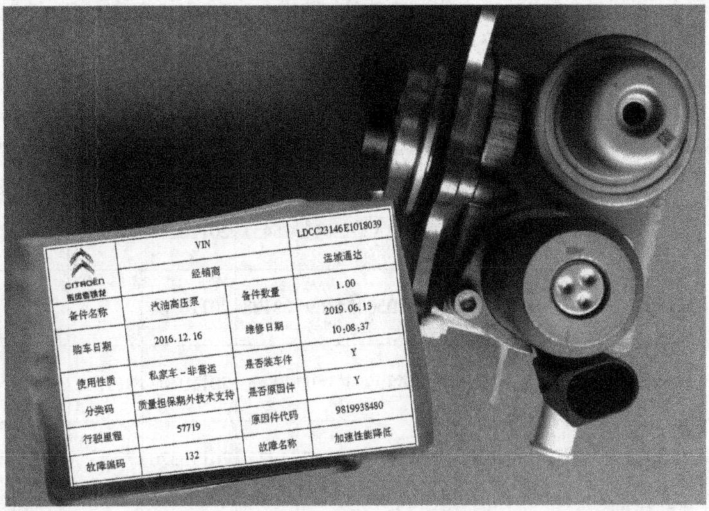

图5-12 旧件卡片系固

(4)不便挂旧件卡片的旧件(如蓄电池),应先在表面粘贴双面胶后,再将旧件卡片粘贴在双面胶上,如图5-13所示。

(5)在旧件返回前,应保持更换时的状态,并在旧件仓库分类妥善保管。

图5-13 蓄电池旧件卡片粘贴

三 汽车质量担保旧件包装

1 汽车质量担保旧件包装涉及的单据

(1)装箱清单:每一个包装箱内的旧件,都要有明细清单,保修旧件装箱清单见表5-9。

轿车保修旧件装箱清单　　　　表5-9

序号	登记编号	网点编码	保修旧件清单（1号装箱单）					网点名称	保修区间	
		70565A							11A000303C－11A001074A	
		备件名称	备件数（件）	车型（VIN）	行驶里程（km）	保修日期	装车件	故障编码	装箱号	备注
1	11A000303C	玻璃清洗液储液罐(前照灯清洗)	1	LDCA13R42A2013018	25451	20110218	Y	661	单独	
2	11A000472B	变速器齿轮油	2	LDC753L3050254169	38108	20110304	Y	131	0	无旧件产生
3	11A000508B	泡沫垫	1	LDCA13R45A2017001	7853	20110307	N	550	0	无旧件产生
4	11A000677B	副仪表面板总成	1	LDCA13R46A2025527	1425	20110320	Y	876	C5（单独包装）	
5	11A000716A	驾驶员侧左出风口	1	LDCA13R40A2014538	5354	20110324	Y	209	C5（单独包装）	
6	11A000719A	发动机右弹性支架总成	1	LDC703L27A0251222	27279	20110323	Y	550	1	
7	11A000721A	[双速风扇电动机电控盒]	1	LDCC43X21A1437961	27267	20110323	Y	448	2	
8	11A000723A	左后车门玻璃导槽	1	LDCA13R44A2016647	25681	20110323	Y	311	C5（单独包装）	
9	11A000724A	可调节转向柱	1	LDCC13L2XA1288075	9474	20110323	Y	550	3	
10	11A000724A	防盗螺钉	1	LDCC13L2XA1288075	9474	20110323	Y	550	3	
11	11A000726A	左前挡泥板	1	LDCC41L2990991566	21138	20110323	Y	311	无	
12	11A000726A	右前挡泥板	1	LDCC41L2990991566	21138	20110323	Y	311	无	

（2）发货清单：本月返回汽车厂商的所有旧件的装箱清单，装在一号包装箱内。保修旧件发货清单见表5-10。

保修旧件发货清单　　　　表5-10

序号	登记编号	网点编码	保修旧件发货清单					网点名称	保修区间	
		70565A							11A000303C－11A001074A	
		备件名称	备件数（件）	车型（VIN）	行驶里程（km）	保修日期	装车件	故障编码	装箱号	备注
1	11A000303C	玻璃清洗液储液罐(前照灯清洗)	1	LDCA13R42A2013018	25451	20110218	Y	661	单独	

续上表

序号	登记编号	网点编码	保修旧件发货清单					网点名称	保修区间	
		70565A							11A000303C－11A001074A	
		备件名称	备件数（件）	车型（VIN）	行驶里程（km）	保修日期	装车件	故障编码	装箱号	备注
2	11A000472B	变速器齿轮油	2	LDC75313050254169	38108	20110304	Y	131	0	无旧件产生
3	11A000508B	泡沫垫	1	LDCA13R45A2017001	7853	20110307	N	550	0	无旧件产生
4	11A000677B	副仪表面板总成	1	LDCA13R46A2025527	1425	20110320	Y	876	C5(单独包装)	
5	11A000716A	驾驶员侧左出风	1	LDCA13R40A2014538	5354	20110324	Y	209	C5(单独包装)	
6	11A000719A	发动机右弹性支架总成	1	LDC703L27A0251222	27279	20110323	Y	550	1	
7	11A000721A	［双速风扇电动机电控盒］	1	LDCC43X21A1437961	27267	20110323	Y	448	2	
8	11A000723A	左后车门玻璃导槽	1	LDCA13R44A2016647	25681	20110323	Y	311	C5(单独包装)	
9	11A000724A	可调节转向柱	1	LDCC13L2XA1288075	9474	20110323	Y	550	3	
10	11A000724A	防盗螺钉	1	LDCC13L2XA1288075	9474	20110323	Y	550	3	
11	11A000726A	左前挡泥板	1	LDCC41L2990991566	21138	20110323	Y	311	无	
12	11A000726A	右前挡泥板	1	LDCC41L2990991566	21138	20110323	Y	311	无	
13	11A000727A	多路系统防夹玻璃升降器右减速电动机	1	LDCC41L2990991566	21138	20110323	Y	448	2	
14	11A000729A	冷却液	1	LDCC13L2490989017	32226	20110323	Y	661	0	无旧件产生
15	11A000729A	平面密封胶	1	LDCC13L2490989017	32226	20110323	Y	661	0	无旧件产生
16	11A000730A	开关	1	LDCC13L2490989017	32226	20110323	Y	448	2	
17	11A000732A	［双速风扇电动机电控盒］	1	LDCC43X25A1452222	46330	20110322	N	448	2	
18	11A000733A	排气管固定组件	1	LDCC13L2290080550	35303	20110322	Y	550	3	
19	11A000734A	右后门锁	1	LDC703L21A1393124	59619	20110322	Y	209	3	

2 汽车质量担保旧件包装方式

（1）装箱清单放置在包装箱内，不要贴在包装箱外，如图5-14所示。

图5-14　装箱清单包装方式

（2）第一箱旧件包装内应有发货清单与装箱清单，如图5-15所示。

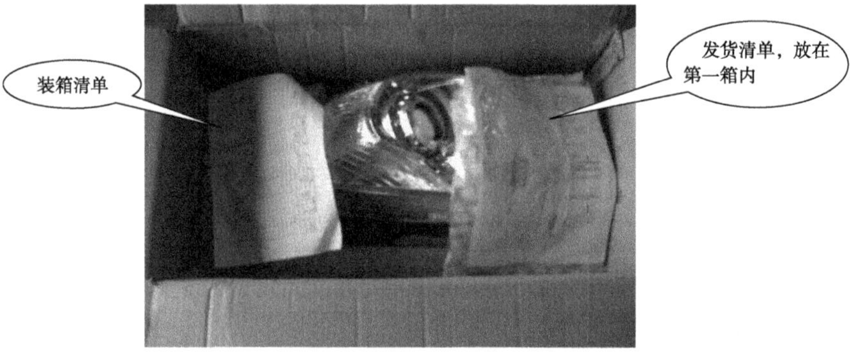

图5-15　第一箱包装方式

（3）前照灯、仪表等包装方式。

①将旧件卡片绑在相应旧件上，如图5-16所示。

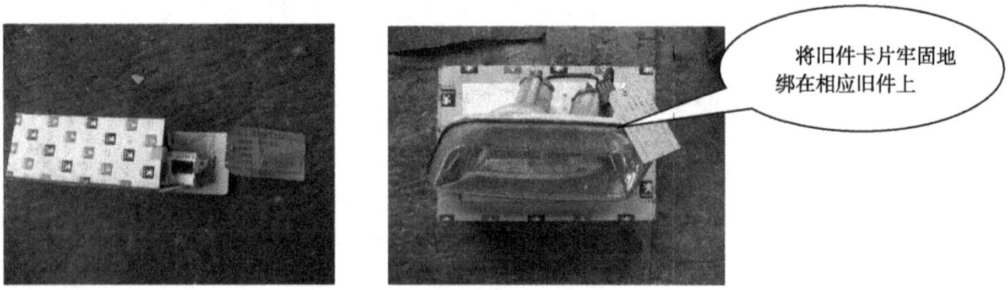

图5-16　旧件卡片绑挂方式

②将旧件卡片与旧件一同装入包装，如图5-17所示。

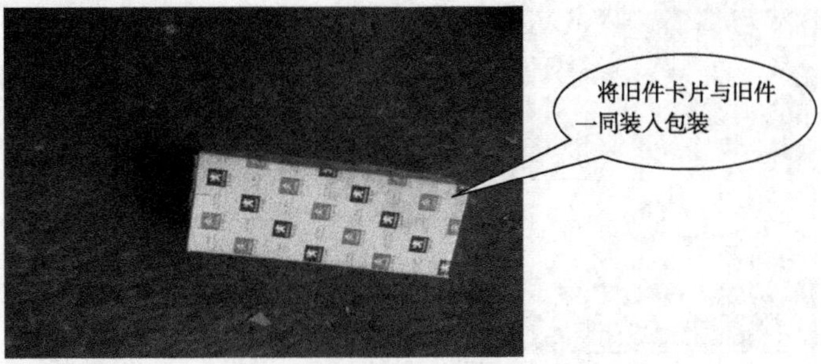

图 5-17　旧件卡片与旧件一同装入包装

(4)总成件包装必须完整,如图 5-18 所示为总成件不完整的包装。

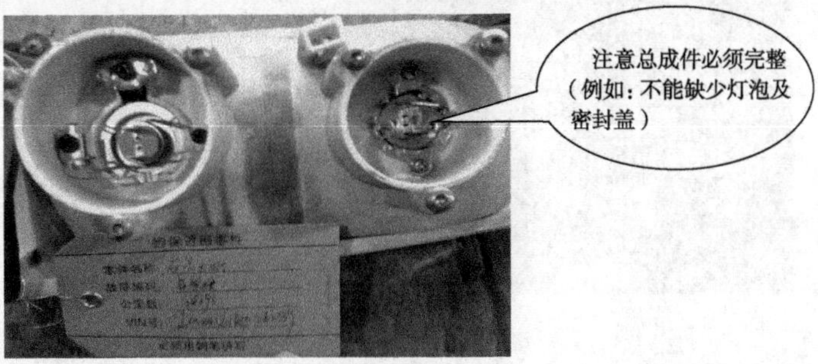

图 5-18　总成件包装不全

(5)统一装入大包装箱,如图 5-19 所示。

图 5-19　大包装箱

(6)封好包装并贴包装明细,如图 5-20 所示。

(7)金属件的包装,如图 5-21 ~ 图 5-23 所示。

(8)油封、继电器等小件的包装,如图 5-24 所示。

(9)蓄电池的包装,如图 5-25 所示。

(10)排气管的包装,如图 5-26 所示。

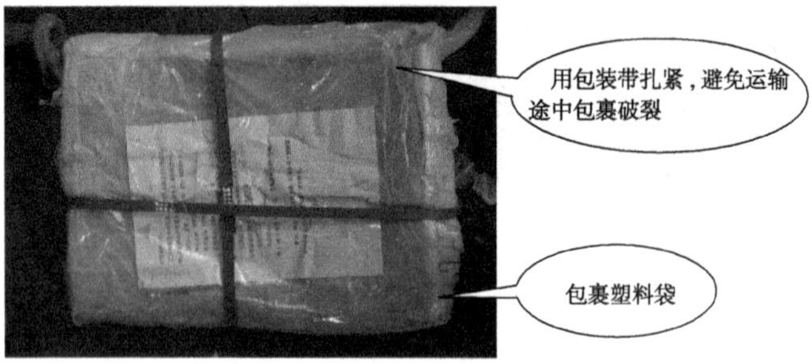

图 5-20　完整的外包装

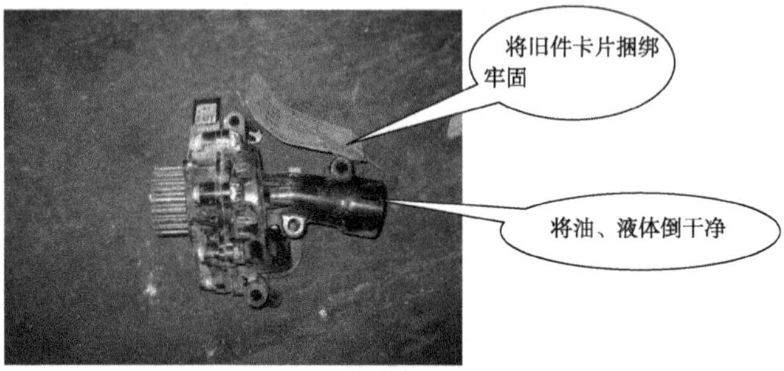

图 5-21　金属件包装(水泵)

图 5-22　金属件包装(助力泵)

图 5-23　金属件包装(前减振器)

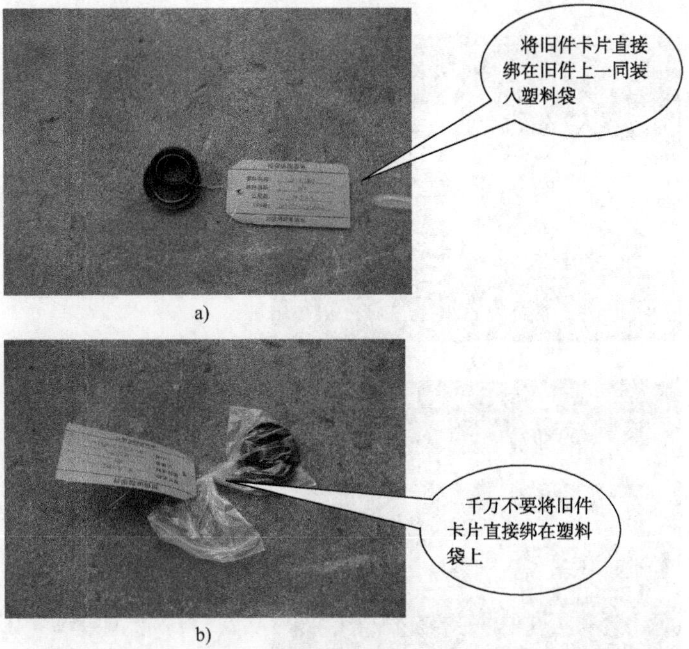

图5-24　油封包装方式

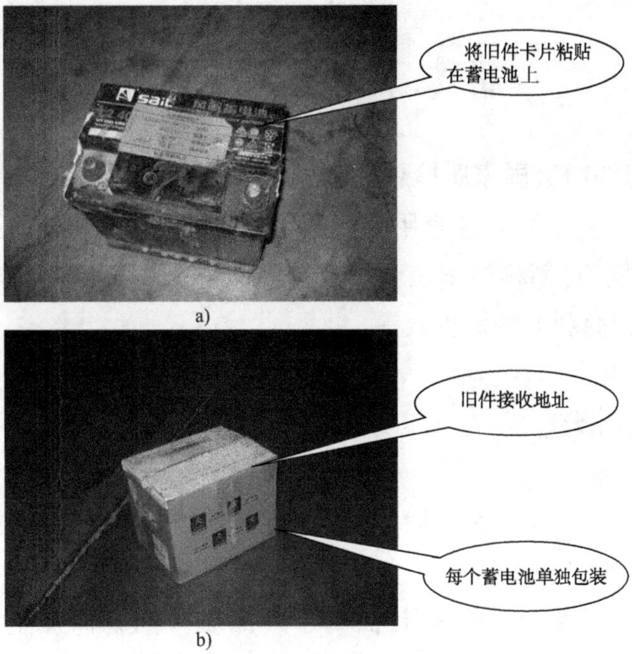

图5-25　蓄电池包装

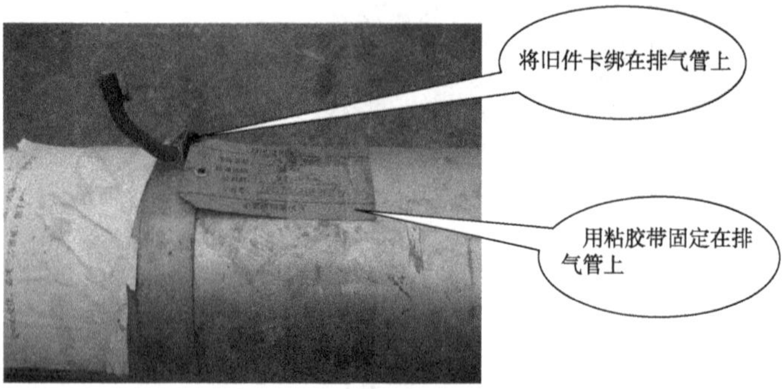

a)

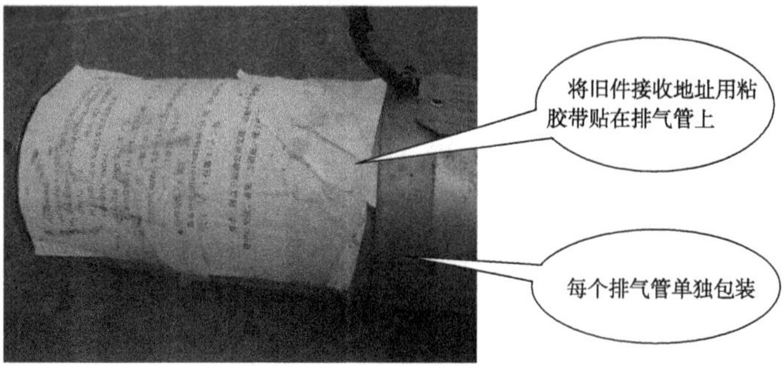

b)

图5-26 排气管包装

第七节 汽车三包业务

2004年12月30日,国家质检总局公布了《家用汽车产品修理、更换、退货责任规定(草案)》,历经8年之久,《家用汽车产品修理、更换、退货责任规定》于2013年10月1日起正式实施(简称汽车三包规定)。这足以说明家用汽车三包规定是关乎消费者、厂家、经销商利益的民生政策。

一 汽车三包的概念

三包是零售商业企业对所售商品实行“包修、包换、包退”的简称。指商品进入消费领域后,卖方对买方所购物品负责而采取的在一定限期内的一种信用保证办法。对不是因用户使用、保管不当,而属于产品质量问题而发生的故障提供该项服务。

《家用汽车产品修理、更换、退货责任规定》中包括以下几个核心要素:

(1)家用汽车产品:是指消费者为生活消费需要而购买和使用的乘用车。

(2)乘用车:是指相关国家标准规定的除专用乘用车之外的乘用车。

(3)生产者:是指生产家用汽车产品并以其名义颁发产品合格证的单位。

(4)销售者:是指以自己的名义向消费者直接销售、交付家用汽车产品并收取货款、开具发票的单位或者个人。本教材对于"销售者"范畴界定为汽车生产厂家下属的汽车经销商。

(5)修理者:是指与生产者或销售者订立代理修理合同,依照约定为消费者提供家用汽车产品修理服务的单位或者个人。

(6)经营者:包括生产者、销售者、向销售者提供产品的其他销售者、修理者等。

(7)产品质量问题:是指家用汽车产品出现影响正常使用、无法正常使用或者产品质量与标准法规、企业明示的质量状况不符合的情况。

(8)严重安全性能故障:是指家用汽车产品存在危及人身、财产安全的产品质量问题,致使消费者无法安全使用汽车,包括出现安全装置不能起到应有的保护作用或者存在起火等危险情况。

二 汽车三包政策解读

1 家用汽车三包有效期

家用汽车产品三包有效期限不低于2年或者行驶里程50000km,以先到者为准。家用汽车产品包修期和三包有效期自销售者开具购车发票之日起计算。

2 家用汽车"包修"

在包修期内,汽车产品出现质量问题,汽车用户凭"家用车质量担保整车三包凭证"(图5-4)在指定的或者约定的汽车经销商售后服务网点办理免费修理(包括工时费和材料费)。因质量问题和修理、更换、退货给汽车用户造成的损失,销售商、制造商、汽车经销商售后服务网点应当负责赔偿相应的损失。

3 家用汽车"包换"

在家用汽车产品三包有效期内,满足以下条件之一(图5-27),汽车用户可向汽车生产厂家下属的汽车经销商申请换车。

以下情况汽车经销商售后服务网点需要注意:

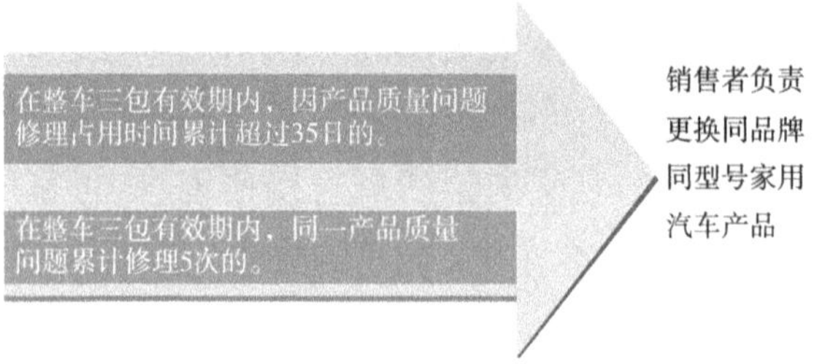

图 5-27 家用汽车“包换”条件

(1)服务顾问询问用户汽车故障不认真，技术人员不确认故障，盲目开具《维修委托书》修理，导致被动累积维修时间。

(2)维修人员技术水平不过关，故障多次返修，导致同一问题多次出现。

(3)在开具《维修委托书》前核实是否有备件库存，如没有备件库存且不属于停驶故障的不要开具《维修委托书》。汽车经销商售后服务网点将马上紧急订货，到货后再通知用户维修，并开具《维修委托书》。

(4)对于汽车用户需求紧急的汽车备件，若本网点没有库存，可以先联系其他汽车经销商售后服务网点借货，此时应开具《维修委托书》，维修完毕后进行结算；同时紧急订货，禁止汽车生产厂家备件到货后再进行结算。

小贴示：

修理时间自消费者与修理者确定修理之时起，至完成修理之时止。1 次修理占用时间不足 24h 的，以 1 日计。

(5)汽车用户报修项目维修后，未经过用户亲自确认无误盲目交车。

(6)汽车经销商售后服务网点工作人员与用户沟通口径不一致，引起用户怀疑。

(7)保证开具《维修委托书》的一次合格率，尽量杜绝返结算，单据二次结算会拉长维修时长。

4 家用汽车“包退”“包换”

在家用汽车产品三包有效期内，满足以下条件之一(图 5-28)，汽车用户可向汽车生产厂家下属的汽车经销商申请车辆退、换。

(1)家用汽车产品自销售者开具购车发票之日起 60 日内或行驶里程 3000km 之内，出现转向系统失效、制动系统失效、车身开裂或燃油泄漏。

(2)因严重安全性能故障累计进行了 2 次修理，严重安全性能故障仍未排除或者又出现新的严重安全性能故障。

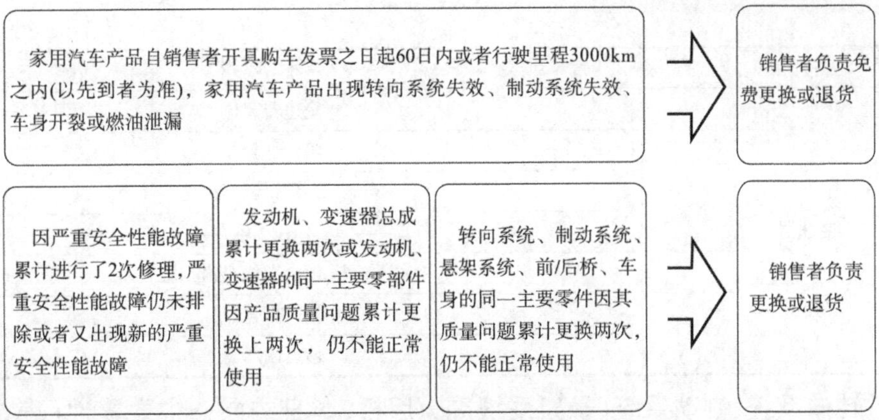

图5-28　家用汽车“包退换”条件

小贴示：

①严重安全性能故障：是指家用汽车产品存在危及人身、财产安全的产品质量问题，致使消费者无法安全使用家用汽车产品，包括出现安全装置不能起到应有的保护作用或者存在起火等危险情况。

②判断严重安全性能故障的前提条件。

③家用汽车产品存在质量问题，并且已经发生故障，导致或可能导致危及人身、财产安全的事故。

④构成严重安全性能故障，应同时符合以下三个原则：

a. 故障的突发性：故障发生前，驾驶员或乘员无法预见将要发生的故障；

b. 危险的不可控性：故障发生时，驾驶员或乘员难以采取措施，防止事故发生；

c. 后果的严重性：故障带来的后果已经危及或将危及人身、财产安全。

(3)发动机、变速器累计更换2次后，或者发动机、变速器的同一主要零件(表5-11)因其质量问题，累计更换2次后，仍不能正常使用的。

发动机和变速器总成的主要零件范围　　表5-11

总　成	零件明细
发动机	曲轴
	主轴瓦
	连杆
	连杆轴承
	活塞、活塞环、活塞销
	缸盖
	缸体
	凸轮轴、气门

续上表

总　成	零件明细
变速器	变速器壳体
	离合器壳体
	1/2/3/4/5/倒挡齿轮
	1 轴、2 轴
	差速器(包含壳体/齿轮/轴)
	箱内离合器
	箱内制动器

(4)转向系统、制动系统、悬架系统、前/后桥、车身的同一主要零件(表5-12)因其质量问题,累计更换2次后,仍不能正常使用的。

转向系统、制动系统、悬架系统、前/后桥、车身等系统的主要零件范围　　表5-12

汽车系统	零件明细
转向系统	转向机总成(包含分配阀)
	转向管柱(包含上、下转向管柱)
	转向拉杆(不含球头)
	转向节
制动系统	制动主缸
	制动轮缸
	制动助力器
	制动踏板
悬架系统	扭杆弹簧
	减振器螺旋弹簧
	三角臂(不含弹性铰接)
	多连杆机构连杆(不含弹性铰接)
前/后桥	传动轴
车身	纵梁
	横梁
	车身骨架
	前托架(不含弹性铰接)
	前后车门本体

三 汽车三包“包修期”内备用车及费用补偿

在家用汽车产品包修期内,每次修理占用时间(包括等待维修备用件时间)超过5日,汽车经销商售后服务网点应当负责为用户提供备用车,或者由汽车经销商售后服务网点与用户协商后给予消费者合理的交通费用补偿。超过5日的计费,从第6日算起。

下列情形所占用的时间不计入前款规定的修理时间:

(1)需要根据车辆识别代号(VIN)等定制的防盗系统、全车线束等特殊零部件的运输时间,特殊零部件的种类范围由生产者明示在"家用车质量担保整车三包凭证"上。

(2)外出救援路途所占用的时间。

四 如何在服务中执行和落实汽车三包政策

汽车经销商售后服务网点是否能将汽车三包政策落实到位,是否能较好地执行相关政策,都将对汽车用户满意程度以及品牌口碑产生较大的影响。汽车销售商售后服务网点需要将汽车三包政策融入汽车日常维修/维护接待业务中,才能最大程度、最小风险、最高效率地落实和执行汽车三包政策。

我们需要以汽车日常维修/维护接待业务流程为主线,以执行汽车三包政策的关键服务点为切入点,切实做好汽车用户三包服务工作。

1 预约服务

(1)针对疑似汽车三包责任故障,汽车经销商售后服务网点不要轻易做出判断和答复,提醒用户尽快来店进行检查和诊断,并将故障信息及时转告技术专家。

(2)对于汽车用户提出的故障现象,服务顾问或用户关系代表应对照汽车三包凭证备件清单,使用汽车经销商售后服务管理信息系统查询车辆维修历史记录。如涉及疑似汽车三包责任故障,应准确记录并及时通知技术专家。

2 接待流程

(1)预约中的汽车三包责任疑似故障,及时通报技术专家。

(2)所有车辆入场均须通过汽车经销商售后服务管理信息系统查询维修历史,以便了解车辆维修情况。

(3)服务顾问在接待用户时,在开具《维修委托书》之前应提前和用户沟通,必要时,查询汽车经销商售后服务管理信息系统,了解用户维修需求和维修记录,如涉及汽车三包责任故障或重复维修应提前要技术专家介入。

(4)服务顾问仔细倾听用户反映的维修要求和车辆故障描述,总结用户的维修需求及车辆故障描述并记录在《预检单》上。如果用户前来对车辆进行常规维护或非汽车三包风险的简单维修，服务顾问可直接开具《维修委托书》记录车辆维修项目。

(5)若用户陈述汽车三包责任疑似故障，或汽车经销商售后服务管理信息系统查询显示汽车三包责任警示，必须通报技术专家共同进行诊断，鉴别用户的问题以及发现的运行故障，必要时向汽车生产厂家申请技术援助。

(6)服务顾问依据技术专家在《预检单》上诊断结果来制定维修措施，并征得用户同意制作《维修委托书》。

(7)涉及汽车三包车辆故障维修，服务顾问在开具《维修委托书》前应取得服务部长或技术专家授权，再与用户签定《维修委托书》。

小贴示：

《维修委托书》和汽车经销商售后服务管理信息系统上的维修记录信息必须详细、准确、内容一致。为保障信息的准确及时，严禁手工开具《维修委托书》。若手工开具《维修委托书》或非汽车经销商售后服务管理信息系统生成的《维修委托书》，所产生的责任及后果由当事汽车经销商售后服务网点自行承担。

3 车辆维修

(1)服务顾问将双方签名后的《维修委托书》之车间联、《预检单》《汽车维护单》交给维修车间主任，并进行相应的说明。涉及汽车三包责任故障的维修，须由技术专家亲自与维修人员进行沟通。

(2)涉及汽车三包责任的维修项目和重复故障，技术专家应全程指导维修。

(3)如果在45min(最多)仍然没有找出汽车故障原因，请求汽车生产厂家技术援助。

4 检验流程

(1)涉及汽车三包责任故障和重复维修，技术专家亲自进行质检。

(2)若维修质量检查不合格，涉及汽车三包责任故障，须技术专家亲自跟进，必要时，向汽车生产厂家申请技术援助。涉及质量保修项目，需预估返修时间并注意核实累计维修天数。

5 结算交付流程

维护汽车用户本次维修档案，并将全部单据存档，维修档案应便于查阅并至少保存3年。

6 用户回访流程

(1)涉及汽车三包责任的车辆,服务顾问将在《维修委托书》上做标识,用户关系代表回访后须将回访结果汇总后100%反馈给客服总监和服务部长。

(2)对维修质量不满的用户,如涉及汽车三包责任故障,立即通知技术专家;如属于质量保修项目,通知服务顾问并查询质量担保情况;必要时向汽车生产厂家申请技术援助。

附:汽车用户三包业务常见问题及解答

1. 从何时开始实施汽车三包政策?

答:国家规定2013年10月1日对汽车产品实施三包。我们积极响应国家规定,决定自2013年9月1日起实施三包政策。本汽车品牌三包范围不仅包括国家规定的家庭用车,还包括机关事业、公司企业使用的车辆(以购车发票登记的日期为准)。

2. 汽车三包政策的具体期限是怎样的?

答:以购车发票登记日期为准,包修期为3年或10万km,三包有效期为2年或5万km,均以先达到者为限。

3. 易损件的质保期与实施的三包政策有何差异?

答:易损件的质保期符合国家实施的三包政策。汽车产品的易损耗零部件在其质量保证期内出现质量问题的,消费者可以选择免费更换易损耗零部件。其种类范围及其质量保证期会明示在三包凭证上。

4. 索赔的备件,质保期如何计算?

答:在汽车三包有效期和包修期内,零件的更换或维修不能延长整车包修期,所更换零件的质量担保期,随整车包修期的结束而终止。

5. 汽车三包期内车辆所有权(车主)发生变更,会不会影响该车的三包期?

答:不会。在家用汽车产品包修期和三包有效期内,发生家用汽车产品所有权转移的,三包凭证应当随车转移,三包责任不因汽车所有权转移而改变。

6. 由于汽车三包更换车辆,但无相同型号的车型,是否可以退车或者换其他车型?

答:在汽车三包有效期内,符合更换条件的,销售者会及时向用户更换新的合格的同品牌同型号车辆;无同品牌同型号车辆更换的,销售者会及时向用户更换不低于原车配置的车辆。

如无同品牌同型号车辆,也无不低于原车配置的车辆向用户更换的,用户可以选择退货,销售者负责为用户退货。

7. 由于汽车三包更换车辆，所回收的旧车价格是以什么为依据，换购的新车价格是以什么为依据？

答：旧车回收的价格根据二手车市场行情为准，换购的新车价格以市场指导价格为准。

8. 为何实施三包政策后，整车的维护政策也随之发生变化，车辆维护频率变高？

答：维护周期确实发生了变更，但与三包政策无关。

9. 改装的车辆出现故障符合退换车政策，但改装的部件跟故障件无关，是否还可以退换车？

答：若可以确定此次出现的故障与改装的部件无关，那么车辆可以进行退换。

10. 在汽车三包期内更换、退货的家用汽车再次销售，是否还有质量担保？（含二手车政策）

答：更换、退货的家用汽车再次销售是不会影响该车的包修期的，但该车不再享受三包退换权利。（二手车再次销售时已相应明示）

11. 对于在汽车三包期内"漏保"或不在授权汽车经销商售后服务网点维护的车辆，是否享受三包政策？

答：建议用户在汽车三包期和包修期内到所属汽车品牌的汽车经销商售后服务网点进行维护或维修，避免由于非专业维护或维修可能造成的车辆损坏；根据汽车三包政策，由于用户未按照使用说明书要求正确使用、维护、修理产品，而造成损坏的，将不再享受三包服务。

12. 三包政策实施之后，新车是否还可以购买延保产品？

答：可以。

13. 换车之后，新车的三包期限如何计算？

答：更换家用汽车产品后，销售者、生产者应当向消费者提供新的三包凭证，家用汽车产品包修期和三包有效期自更换之日（发票）起重新计算。

14. 维修时间、维修次数如何计算？

答：修理时间自消费者与汽车经销商售后服务网点开具《维修委托书》之时起，至完成修理之时止。每 24h 计为一日，一次修理占用时间不足 24h 的，以一日计。

15. 若在汽车经销商售后服务网点的二级服务站购车，是否能同样享受最新的三包政策？

答：您能提供正规的购车发票和汽车三包凭证，就能享受到汽车三包政策。

第六章 Chapter 6

品牌汽车二手车业务

学习目标

通过本章的学习，你应当能：

1. 了解品牌汽车二手车业务工作职责和管理要求；
2. 正确掌握品牌汽车二手车业务流程及操作；
3. 熟知品牌汽车二手车认证政策和保修规则。

随着二手车市场的快速发展，进入二手车市场的车辆外观越来越漂亮，车的稳定性也越来越高。很多人希望自己能换辆新车，可旧车还没处理掉，于是车辆置换业务出现了。相对于传统的卖旧车、买新车，这种方式换车周期短、手续简便。

第一节 品牌汽车二手车业务概述

如果某品牌4S店的销售告诉你，参加“以旧换新”品牌置换活动，可以给新车打一个大折扣，你会心动吗？通过新车大幅优惠来吸引购车者参与“以旧换新”，早已经成为汽车品牌4S店拉动新车销售的营销策略。

一、品牌汽车二手车业务简介

品牌汽车二手车业务，是指建立在一定保有量基础上的汽车厂商为了提高其二手车的保值率，巩固用户的忠诚度和提高该汽车品牌的汽车用户保有量，进一步完善二手车售后服务而开展的车辆置换业务。

尽管目前很多品牌汽车二手车多半是收购多品牌的旧车，置换出去的是自己品牌的车，一定程度上会制约收购规模的扩大。但是在经营、定价等方面，品牌汽车二手车业务对规范市场起到很大的促进作用。所以，未来几年，品牌汽车二手车置换将会占据二手车交易的主导地位。

二 品牌汽车二手车业务岗位职责

品牌汽车二手车业务需要优秀的团队管理。所以，对于品牌汽车二手车业务组织架构来说，必须岗位划分清晰，职责明确。品牌汽车二手车业务岗位说明见表6-1。

品牌汽车二手车业务岗位职责　　表6-1

岗位名称	岗位说明
二手车经理	制订二手车业务计划并负责组织协调管理和沟通
二手车专员	负责二手车的评估、收购、置换、销售等业务
整备技师	为所收购的二手车清理内饰，将内饰、外观清洗干净，并排除车上的小故障，对整备好的二手车进行评估，使其进入交易环节
二手车保修鉴定员	严格按照品牌汽车二手车质量担保条例，为用户办理质量担保申请等业务

1 品牌汽车二手车业务岗位职责和管理要求

(1)经理岗位职责包括以下方面：

①负责二手车经销商服务网点二手车业务管理并完成公司下达的相关经营指标；

②制订品牌汽车二手车业务计划并负责实施；

③协调与二手车经销商服务网点新车、售后、备件、营销各部门的工作；

④确定品牌汽车二手车最终的收车及销售价格；

⑤确认品牌汽车二手车整备方案；

⑥负责组织品牌汽车二手车业务人员经营能力和素质培训；

⑦负责向汽车厂商申报网点年度、季度、月度二手车销售计划并进行经常性业务联系；

⑧督促计划员按规定及时向汽车厂商反馈各类信息、报表及公司领导所需报表；

⑨负责组织用户沟通、展示促销活动。

(2)专员岗位职责包括以下方面:

①负责品牌汽车二手车交易管理系统的数据录入及管理;

②负责汇总统计、反馈销售报表;

③负责品牌汽车二手车销售服务与咨询接待;

④负责展示二手车的清洁维护;

⑤负责品牌汽车二手车的评估、收购,并对二手车进行查定并出具评估报告;

⑥负责品牌汽车二手车档案的转籍、过户、上牌、保险事宜;

⑦负责用户跟踪服务、回访、代理年检等;

⑧负责协助二手车用户完成售后服务。

(3)整备技师岗位职责包括以下方面:

①负责品牌汽车二手车整备方案的设计;

②控制、指导完成二手车整备。

(4)保修鉴定员岗位职责包括以下方面:

①熟悉并掌握品牌汽车二手车质量担保业务知识;

②充分理解品牌汽车二手车质量担保要求;

③对每一辆属于质量担保范围的故障二手车进行检查,并作出质量鉴定;

④严格按照品牌汽车二手车质量担保条例为用户办理质量担保申请;

⑤严格按汽车厂商有关规定填写技术信息、质量担保报告、报表;

⑥收集有关二手车使用的质量、技术信息并反馈给汽车厂商;

⑦积极向用户宣传经品牌认证的二手车质量担保政策,为用户提供使用、技术方面的咨询服务。

2 品牌汽车二手车业务主要岗位任职条件

品牌汽车二手车业务主要岗位任职条件见表6-2。

品牌汽车二手车业务主要岗位任职条件 表6-2

岗位名称	岗位说明
经理	年龄在25~40岁,具有专科以上学历,在网点工作2年以上,忠诚可靠,有较强的经营管理能力及沟通能力,有驾驶执照,能熟练运用办公软件
专员	具有专科以上学历或同等学力,在二手车品牌经销商网点新车销售岗位工作1年以上,对二手车行业有一定了解,具有一定社交能力和较强的调研分析能力,有驾驶执照,能熟练使用办公软件
整备技师	二手车经销商网点售后服务顾问岗位工作1年以上
保修鉴定员	二手车经销商网点保修鉴定员岗位工作1年以上

第二节　品牌汽车二手车交易

品牌汽车二手车交易市场的功能有：鉴定评估、收购、销售、寄售、代购代销、租赁、置换、拍卖、检测维修、配件供应、美容装饰、售后服务，以及为用户提供过户、转籍、上牌、保险等服务。此外，品牌汽车二手车交易要严格遵循国家有关法律、法规审查二手车交易的合法性，坚决杜绝盗抢车、走私车、非法拼装车与规费凭证不全的二手车上市交易。

一 品牌汽车二手车交易流程

1 品牌汽车二手车交易流程

品牌汽车二手车交易流程如图6-1所示。

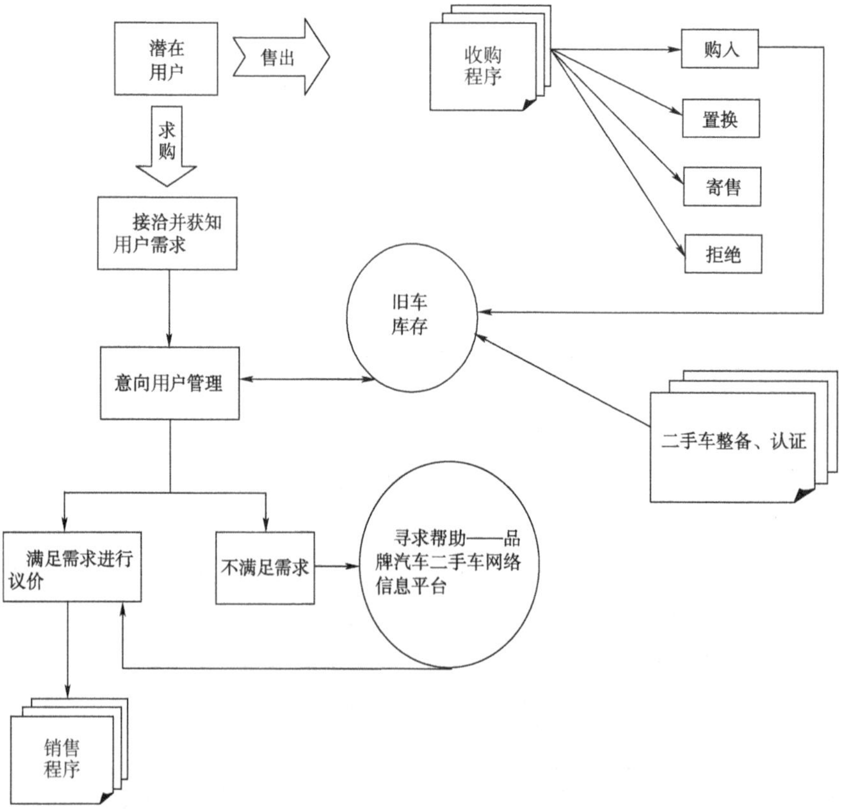

图6-1　品牌汽车二手车交易流程

2 品牌汽车二手车交易流程说明

(1)销售程序说明。

①潜在用户若有求购某品牌汽车二手车的需求,可以选择到该品牌汽车的经销商网点进行接洽,二手车业务员获知用户需求意向后,查询本网点旧车库存量是否满足用户需求。

②品牌汽车二手车专员查询用户需求车型是否有库存,如有用户的意向车型,便可以进行议价,进入销售程序。若无用户的意向车型,查询品牌汽车二手车网络信息平台,查找用户所需二手车车型库存或待售信息。

(2)收购程序说明。

①购入:品牌汽车二手车专员通过渠道购入旧车入库。

②置换:用户以旧车置换新车,将卖旧车和买新车两个过程合并成了一个过程。主要置换形式有三种:同品牌内的旧车换新车;多品牌置换某一品牌新车;不同品牌汽车二手车之间以旧换旧。

③寄售:卖车人与其选定的某品牌汽车二手车经销网点签订协议,将其旧车委托该网点保管并代为销售,该品牌汽车二手车经销网点从中收取一定中介费用的交易行为。

二 品牌汽车二手车认证流程

长期以来,传统二手车交易方式存在二手车信息不对称、诚信度低和售后服务差等问题,一直备受消费者诟病,并制约二手车市场的进一步发展。与之相比,拥有一定保有量的汽车厂商为了提高其二手车的保值率、巩固用户的忠诚度和提高用户量,进一步完善二手车售后服务领域所开展的品牌汽车二手车业务,均有严格的评估程序、完善的检测设备和高质量售后服务,并因此逐渐被消费者接受。品牌汽车二手车认证流程如图 6-2 所示。

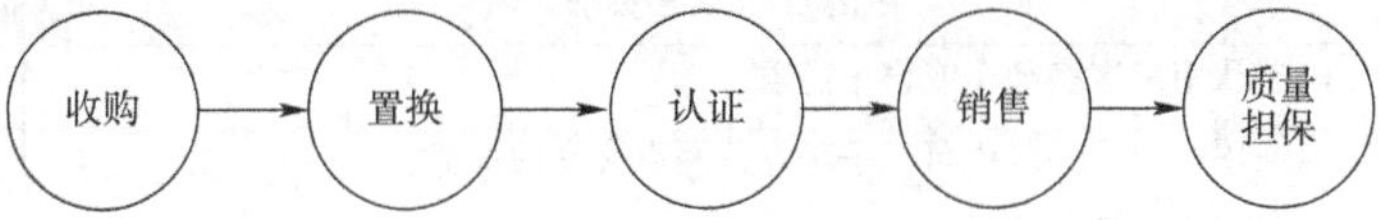

图 6-2 品牌汽车二手车认证流程

(一)品牌汽车二手车收购

品牌汽车二手车收购流程如图 6-3 所示。

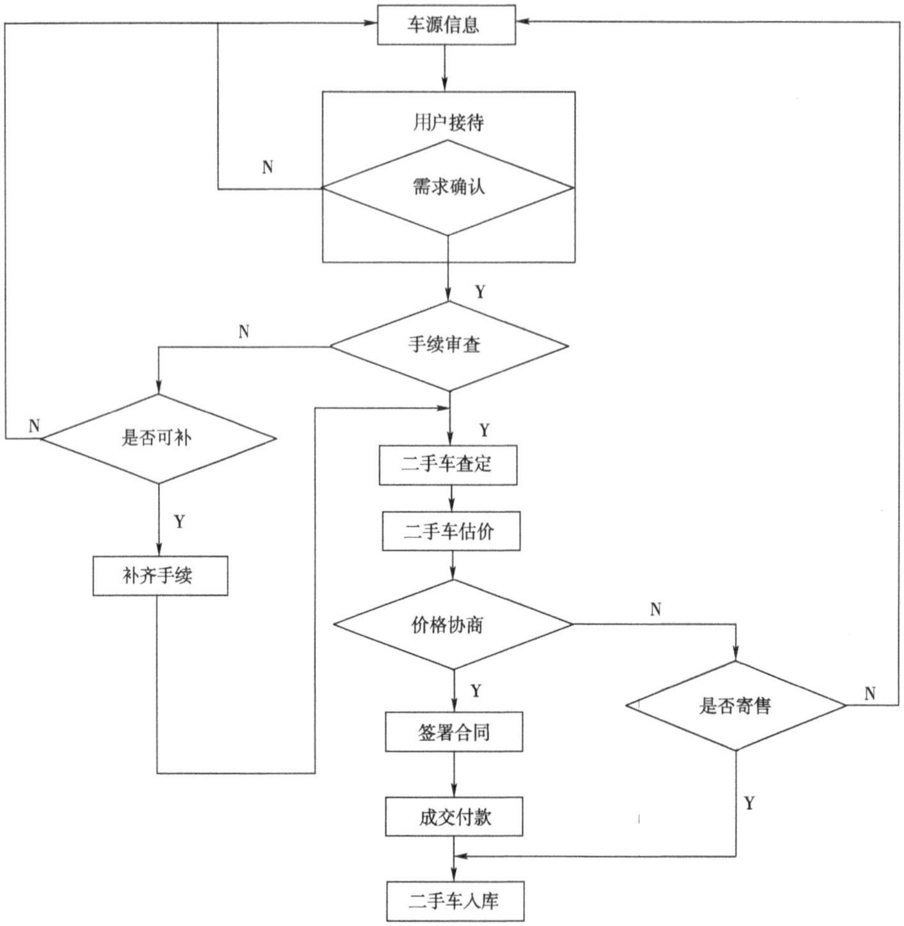

图6-3　品牌汽车二手车收购流程

1 品牌汽车二手车收购流程说明

品牌汽车二手车收购流程说明见表6-3。

品牌汽车二手车收购流程说明　　表6-3

流程项目	标准·要求·方法	责任岗位
用户接待	(1)确认用户置换购车或售车需求； (2)向用户介绍品牌汽车二手车专营网点交易的优势； (3)向用户介绍流程； (4)咨询用户是否已经询价； (5)如果有需要,可以向用户简单报价； (6)在用户表现出一定成交趋向时,再安排正式评估； (7)为用户安排评估时间,通知评估师； (8)提醒用户提交相应的资料证件	二手车专员或二手车销售顾问

续上表

流程项目	标准·要求·方法	责任岗位
手续审查	(1)初步确认待购二手车的合法性; (2)确认待购二手车的手续等状况; (3)要求用户在约定时间补交缺项资料; (4)属于国家明令禁止交易的二手车,应立即告之用户,不予购入; (5)清查待购二手车交通违章记录	二手车专员或二手车销售顾问
二手车查定	(1)从以下几个方面检查二手车: ①二手车车身、底盘状况,车辆是否有事故记录; ②二手车是否有故障; ③轮胎状况; ④全车油漆及内饰等状况。 (2)车辆检查时间控制在30min内,在检查期间与用户交流,了解用户的车辆使用情况,同时让用户知道车辆的真实状况,不要夸大事实; (3)评估师如果能更多地了解备件及整修价格,便能更好地向用户展示专业水平,更有利于与用户议价	二手车专员或二手车评估师
二手车估价	(1)二手车经理最终确定二手车的收购价格; (2)评估师向二手车经理建议收购价格	二手车专员或二手车经理
价格协商	(1)评估师与用户就车辆价格达成一致后,须报二手车经理确认; (2)如果是车辆置换的用户,应注意与新车销售员协作,以促成交易成功; (3)价格协商不成,可建议用户寄售。寄售可适当收取佣金	二手车专员或二手车评估师
签署合同	(1)向用户收取二手车手续原件作为合同附件; (2)二手车评估报告作为合同附件; (3)如果车辆手续缺失,应约定补办相关手续并预留尾款	二手车专员或二手车销售顾问
成交付款	引导用户付款,获取用户收款凭证	
二手车入库	与用户办理车辆移交,办理车辆入库手续	

2 品牌汽车二手车收购价格确定

品牌汽车二手车的价格评估方法是确定一辆二手车价值的具体手段和途径,一般有现行市价法、收益现值法、清算价格法和重置成本法。四种价格评估方法的差异见表6-4。

1 现行市价法

根据替代原则,通过对比市场上售出的类似二手车差异,再经过必要价格调整,从而确定被评估二手车价值的一种方法,即现行市价法。

四种价格评估方法的差异　　表6-4

项目	现行市价法	收益现值法	清算价格法	重置成本法
适用范围	有收益或潜在收益的评估	受适用条件的限制，主要适用于破产、抵押、海关没收、停业清理的二手车物资	使用最简单、最快捷、最方便的一种评估方法	评估理论贴近二手车的实际，是最实用的二手车评估方法
优点	结果较为准确	简单，工作量小	结果较为准确，反映资产的现实价值，计算简单	实用性强，应用广泛，考虑因素比较全面
缺点	范围有限，收益率、贴现率和资本化率难确定；受较强的主观判断和未来不可预见因素的影响等	准确性难以把握	比较难精确寻找参照物二手车，而且还取决于当地二手车市场的健全发展	工作量大，成新率不是很准确，取决于评估师的技术判断力

(1)采用现行市价法评估的步骤。

①收集评估对象的资料，包括二手车的类别名称、型号和性能、生产厂商及出厂年月，了解二手车目前使用情况、实际技术状况以及尚可使用的年限等。

②选定旧机动车交易市上可进行类比的对象，所选定的类比二手车必须具有可比性。

③综合上述可比性因素，对待评估的二手车与选定的类比对象进行认真的分析类比。

④分析调整差异，计算评估值，做出结论。

(2)现行市价法的计算方法。

①市场售价类比法，即以选择参照的二手车市场成交价为基础，通过对比分析所参照的二手车与被评估二手车在功能、市场条件及交易条件等方面的差异，并将其量化，再调整估算二手车价格的方法。其计算公式见式(6-1)。

$$\text{二手车评估值} = \text{参照物二手车成交价} + \text{功能性条件差异} + \text{市场性条件差异} + \text{交易性条件差异} \tag{6-1}$$

②功能价值法，即以选择参照的二手车的成交价格为基础，通过对比分析所参照的二手车与评估对象之间的功能差异来调整估算被评估二手车价格的方法。如：同为奥迪二手车，二者其他条件完全相同，只是在功能上有差异：被评估二手车是自动挡，而选择参照的二手车是手动挡。这时就可以用功能价值法进行评估。计算公式见式(6-2)、式(6-3)。

$$\text{被评估二手车价格} = \text{参照物二手车成交价格} \times \text{功能价值系数} \tag{6-2}$$

$$功能价值系数=\frac{被评估二手车功能}{参照物二手车功能} \tag{6-3}$$

③价格指数法,即以选择参照的二手车成交价为基础,考虑选择参照的二手车的成交时间与被评估二手车价格评估基准日两个时点对二手车价格影响,利用价格指数调整估算二手车价值的方法。其数学公式表达见公式(6-4)。

$$二手车评估值=参照物二手车成交价格\times物价变动指数 \tag{6-4}$$

价格指数法是一种简单方法,在二手车价格评估中不常用。当有特定目的和遇特殊情况时,也会用此方法。

④成新率价格法,即以选择参照的二手车的成交价格为基础,考虑选择参照的二手车与被评估二手车在新旧程度上的差异,通过成新率调整估算出被评估二手车的价格的方法。其计算公式见式(6-5)、式(6-6)。

$$二手车评估值=参照物二手车成交价\times成新率系数 \tag{6-5}$$

$$成新率系数=\frac{被评估二手车成新率}{参照物二手车成新率} \tag{6-6}$$

对成新率的定义在学术上仍有争议。一般情况下成新率指二手车新旧程度比率,其计算公式见式(6-7)。

$$成新率=\frac{二手车尚可使用年限}{(已使用年限+尚可使用年限)\times100\%} \tag{6-7}$$

2 收益现值法

收益现值法是将被评估二手车在剩余寿命期内的预期收益,用适当的折现率折现为评估基准日的现值,也就是对评估二手车未来预期收益进行折现的过程。

(1)收益现值法原理。

从原理上讲,收益现值法是基于这样的事实,即人们之所以占有某二手车,主要是考虑这辆车能为自己带来一定的收益。如果某辆车的预期收益小,车的价格就不能高;反之车的价格肯定就高。投资者投资购买车时,一般要进行可行性分析,其预计的内部回报率只有在超过评估的折现率时,其才肯支付货币来购买二手车。应该注意的是,运用收益现值法进行评估时,是以二手车投入使用后连续获利为基础的。在二手车的交易中,人们购买的目的往往不是二手车本身,而是二手车获利能力。因此,该方法较适用于投资营运的二手车。

(2)收益现值法运用的前提条件。

①被评估的二手车必须是经营性车,具有继续经营能力,并不断获得收益。

②被评估的二手车继续经营收益能够而且必须用货币金额表示。

③影响被评估二手车未来经营风险的各种因素能够转化为数据加以计算，体现在折现率中。

(3)收益现值法评估值的计算。

收益现值法评估值的计算，实际上就是对被评估二手车未来预期收益进行折现的过程。被评估二手车的评估值等于剩余经济寿命期内各期的收益现值之和，其基本计算公式见式(6-8)。

$$P=\sum_{t=1}^{n}\frac{F_t}{(1+i)^t} \tag{6-8}$$

式中：P——评估价值；

F_t——第 t 年的预期收益额；

n——收益年限（剩余经济寿命的年限）；

i——折现率；

t——收益期，一般以年计。

当未来预期收益 F_t 等值，即 $F_1=F_2=\cdots=F_t=F$ 时，计算公式见式(6-9)。

$$P=F\times\left[\frac{1}{(1+i)^1}+\frac{1}{(1+i)^2}+\cdots+\frac{1}{(1+i)^t}\right]=F\times\frac{(1+i)^t-1}{i(1+i)^t} \tag{6-9}$$

(4)收益现值法中各评估参数的确定。

①剩余经济寿命期的确定。剩余经济寿命期指从评估基准日至二手车报废的年限。如果剩余经济寿命期估计过长，就会高估二手车价格；反之，则会低估价格。因此，必须根据二手车的实际状况对剩余寿命作出正确的评定。

②预期收益额的确定。在运用收益法时，关键是预期收益额的确定。收益额是指由被评估对象在使用过程中产生的超出其自身价值的溢余额。

③折现率的确定。折现率是将未来有限期预期收益折算成现值的比率。它是一种特定条件下的收益率，说明车辆取得该项收益的水平。收益率越高，意味着单位资产的增值率越高，在收益一定的情况下，所有者拥有资产值越低。同时，折现作为一个算术过程，是把一个特定比率应用于一个预期的将来收益率，从而得出当前的价值。每个行业、每个企业都有具体的资金收益率。因此，利用收益现值法评估二手车，在选择折现率时，应该进行本企业、本行业历年收益率指标的对比分析。但是，最后选择的折现率应该至少不低于国家债券或银行存款的利率。

案例：某人拟购置一辆较新的爱丽舍车用作个体出租车经营，经调查，得到以下各数据：车辆登记之日是2000年4月，已行驶18万km。目前车况良好，能正常运行。如用于出租使用，全年可出勤300天，每天平均毛收入550元。评估基准日是2002年5月。

分析:从车辆登记之日起至评估基准日止,车辆投入运行已2年。根据行驶里程数、车辆外观和发动机技术状况等方面看来,该车辆原投入出租营运,属于正常使用与维护之列。根据国家有关规定和车辆状况,车辆剩余经济寿命期为6年。预期收益额的确定思路是:将1年的毛收入减去车辆使用的各种税费,包括驾驶人员的劳务费等,以计算其税后纯利润。根据当时银行储蓄年利率、国家债券、行业收益等情况,确定资金预期收益率为15%,风险报酬率5%。

案例解析:

预计年收入:550元/天×300天=165000元

预计年支出:每天耗油量125元,年耗油量为125元/天×300天=37500元

日常维护费用:12000元

平均维修费用:10000元

牌照、保险及各种规费、杂费:30000元

人员劳务费:20000元

出租汽车车标付费:15000元

所以,年毛收入为:

$$165000-37500-120000-10000-30000-20000-15000=40500(\text{元})$$

按个人所得税条例规定,年收入在3万~5万元,缴纳所得税率为30%。故年纯收入为:

$$40500\times(1-30\%)=28350(\text{元})$$

该车剩余使用寿命为6年,预计资金收益率为15%,再加上风险率5%,故折现率为20%。假设每年的纯收入相同,则由收益现值法公式求得收益现值,即评估值为:

$$P=F\times\frac{(1+i)^t-1}{i(1+i)^n}=28350\times\frac{(1+0.2)^6-1}{0.2(1+0.2)^6}=94300(\text{元})$$

③ 清算价格法

清算价格法是以清算价格为标准对二手车进行的价格评估。

(1)清算价格法的适用范围和前提条件。

清算价格法适用于企业破产、抵押、停业清理时要售出的车辆。以清算价格法评估车辆价格的前提条件有以下三点:

①以具有法律效力的破产处理文件或抵押合同及其他有效文件为依据;

②车辆在市场上可以快速出售变现;

③售出车辆的收入足以补偿因出售车辆导致的附加支出费用总额。

(2)决定清算价格的主要因素。

①破产形式。如果企业丧失车辆处置权，出售的一方无讨价还价的可能，那么以买方出价决定车辆售价；如果企业未丧失处置权，出售车辆一方尚有讨价还价余地，那么以双方议价决定售价。

②债权人处置车辆的方式按抵押时的合同契约规定执行，如公开拍卖或收回已有。

③清理费用。在破产等评估车辆价格时应对清理费用及其他费用给予充分的考虑。

④拍卖时限。拍卖机构对不同标的物分别设定不同拍卖期限完成拍卖程序。拍卖机构预计在上述期限内不能完成拍卖的，应提前 10 天书面向法院申请延期。延长期限最长不得超过原委托期限的一半。一般说拍卖期限长售价会高，拍卖期限短售价会低，这是快速变现原则的作用所决定的。

⑤公平市价。车辆以双方都满意的价格成交。在清算价格中卖方满意的价格一般不易求得。

⑥参照物价格。在市场上出售的相同或类似车辆，市场参照物价格高，车辆出售的价格就会高；反之，车辆出售的价格则低。

4 重置成本法

重置成本法是指在车辆能够继续使用的前提下，重新购置一辆全新状态的被评估二手车所需的全部成本中，减去该车累积损耗后，所求得的一个价值指标的方法。其又称计算公式见式(6-10)。

$$\text{被评估二手车的评估值} = \text{重置成本} - \text{实体性贬值} - \text{功能性贬值} - \text{经济性贬值} \tag{6-10}$$

或
$$\text{被评估二手车的评估值} = \text{重置成本} \times \text{成新率}$$

①实体性贬值又称有形损耗，是指车辆在存放和使用过程中，由于物理和化学原因而导致的车辆实体发生的价值损耗，即由于自然力的作用而发生的损耗。

②功能性贬值是由于科学技术的发展导致的车辆贬值，即无形损耗。这类贬值又可细分为一次性功能贬值和营运性功能贬值。一次性功能贬值是指由于技术进步引起劳动生产率的提高，现在再生产制造与原功能相同的车辆的社会必要劳动时间减少，成本降低而造成原车辆的价值贬值。具体表现为原车辆价值中有一个超额投资成本将不被社会承认。营运性功能贬值是指由于技术进步，出现了新的、性能更优的车辆，致使原有车辆的功能相对新车型已经落后而引起其价值贬值。具体表现为原有车辆在完成相同工作任务的前提下，在燃油、人力、配件材料等方面的消耗增加，形成一部分超额运营成本。

③经济性贬值是指由于外部经济变化所造成的车辆贬值。所谓外部经济环境，

包括宏观经济政策、市场需求、通货膨胀、环境保护等。经济性贬值是由于外部环境而不是车辆本身或内部因素所引起的达不到原有设计的获利能力而造成的贬值。外界因素对车辆价值的影响不仅是客观存在的,而且对车辆价值影响还相当大。所以,在二手车评估中不可忽视。重置成本法的计算公式为正确运用重置成本法评估二手车辆提供了思路。在评估操作中,重要的是依此思路,确定各项评估技术、经济指标。

由式(6-10)可以看出,被评估车辆的各种陈旧贬值包括实体性贬值、功能性贬值、经济性贬值。重置成本法的理论依据是:任何一个精明的投资者在购买某项资产时愿意支付的价钱,绝对不会超过具有同等效用的全新资产的最低成本。如果该项资产的价格比重新建造或购置一全新状态的同等效用的资产的最低成本高,投资者一定不会购买这项资产,而会去新建或购置全新的资产。也就是说,待评估资产的重置成本是其价格的最大可能值。

由于价格评估是一项融合评估者经验、技术、评估环境等因素在内的复杂工作,其准确率取决于评估者对二手车的把握程度。

3 收购品牌汽车二手车必备的证件手续

收购品牌汽车二手车时的手续文件验审包含以下内容:合法的二手车来历证明;有效的机动车安全技术检验合格标志;《机动车行驶证》(图6-4);《机动车登记证书》(图6-5);车辆识别代号(图6-6);交易人身份证明;车辆购置税完税证明;车辆保险单(如交强险);车船使用税缴付凭证等相关证明。

图6-4 《机动车行驶证》

图6-5 《机动车登记证书》

国产车辆的质量保证标志3C是必不可少的,对于进口车的收购注意还须具备中国商检特有的CCIB标志(图6-7)。在成交后两周查询成交车辆的违章记录。

图 6-6　车辆识别代号(车身上)

图 6-7　车辆年检、3C 认证、CCIB 标志

（二）品牌汽车二手车置换

品牌汽车二手车置换是消费者用自己二手车的评估价值加上另行支付的车款，从品牌二手车经销商处购得新车的一项业务。与传统的卖旧车再买新车的方法相比，此方法明显具有周期短、手续简单等特点。一般地，品牌汽车二手车置换业务只是存在于品牌汽车二手车经销服务网点(4S 店)中，而随着 4S 店二手车业务的不断发展及越来越多品牌汽车的加入，二手车置换业务的诚信度、专业水平也都在提高。

1 品牌汽车二手车置换流程

品牌汽车二手车置换流程如图 6-8 所示。

当然，无论是汽车用户还是二手车经销商，只了解品牌汽车二手车置换流程是不够的，还必须了解二手车置换中存在的一些注意事项。

(1)二手车置换评估。在进行二手车置换之前，首先需要了解二手车的价格，提前评估二手车，做到心中有数。如果是外行，不妨在置换前多参考一些评估价格，可以直接将待置换的车开到有一定品牌知名度和实力的品牌汽车二手车经销商处进行实际评估，也可以询问二手车经销商同配置、同年份、同车况的二手车卖价是多少，一般置换价格在这两个价格之间。

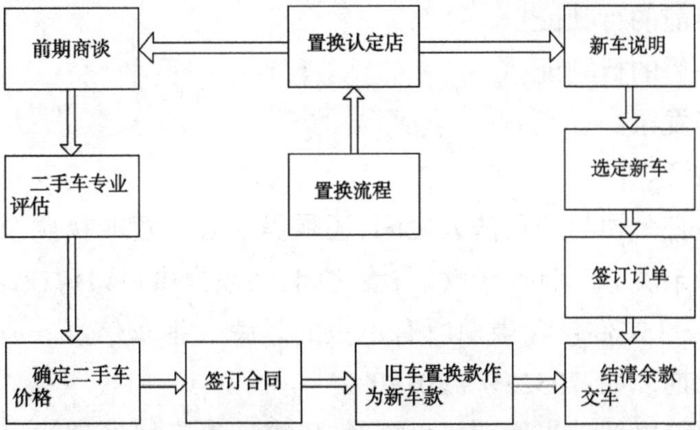

图6-8 品牌汽车二手车置换流程

(2)新车售价:在考虑二手车置换的时候,充分了解该车型的新车信息也显得尤为重要,比如,了解新车价格、近期的优惠活动及其优惠幅度。

(3)手续齐全:置换时还需要注意手续方面的问题,车辆过户手续要齐全,与品牌汽车二手车经销商签订的条款协议内容要仔细看;在正式成交后的过户阶段,车主可要求品牌汽车二手车经销商提供过户后的交易票据复印件,登记证书复印件,养路费和保险过户的复印件,并检查是否有遗漏内容。

(4)新车牌照:如果新车仍使用原车牌照,品牌汽车二手车经销商应该可代办退牌手续。在二手车过户、审核通过后,就可以办理新车上牌手续。

(5)贷款置换:如果旧车为贷款车,且贷款还没有还清,可由品牌汽车二手车经销商垫付还清贷款,而款项计入新车需交纳的钱款数额中。

2 品牌汽车二手车置换申报要求

品牌汽车二手车置换申报以邮件方式提交,邮件主题:×××网点二手车置换手工申报。邮件正文需注明网点申报人及联系方式。邮件附件为申报材料。

品牌汽车二手车置换每周申报一次,申报材料包括一个Word格式文件以及一个Excel格式文件。

(1)每个Word文件对应1辆申报汽车。Word文件格式:网点编码+新车用户姓名(若用户为企业,则以组织机构代码证号作为用户名)+新车开票日期。如:70522D+李××+20120325。

Word文件必须包含以下内容:

①旧车带车牌照照片;

②置换用户身份证或组织机构代码证;

③旧车置换前的行驶证；

④旧车过户后的行驶证；

⑤新车销售发票；

⑥新车行驶证。

如置换发生在公司与公司法人之间，还须提供公司营业执照及法人身份证。如置换发生在直系亲属，如父母、子女、夫妻之间，还须提供户口簿或结婚证。

(2)每个 Excel 文件包含当期所有申报的品牌二手车信息。Excel 文件格式：网点编码＋申报日期。如：70522D＋20120325。

当新车开票价格低于当地市场价格时，还需获得区域经理认可并同时提供认可邮件。

(三)品牌汽车二手车评估与认证

1 二手车查定

在检查前，必须了解其车身编码的简单识别。完整的车身包括：17 位车身 VIN、轮胎充气说明标签、油漆编号、发动机号、变速器标识号等，如图 6-9 所示。

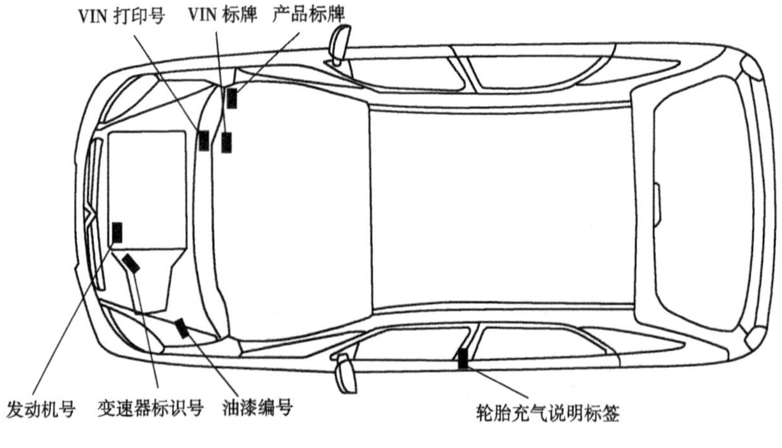

图 6-9　车身编码识别

1 汽车识别代号

汽车识别代号(VIN)，相当于汽车的身份证号码，由汽车厂商在汽车出厂前刻在车身不易损伤处，共有 17 个数字和字母排列组合而成，以保证生产车型在 30 年内不会重号，是各国机动车管理部门办理牌照、处理交通事故、保险理赔、查询盗抢案等唯一的识别代码。汽车识别代号(VIN)组成如图 6-10 所示。

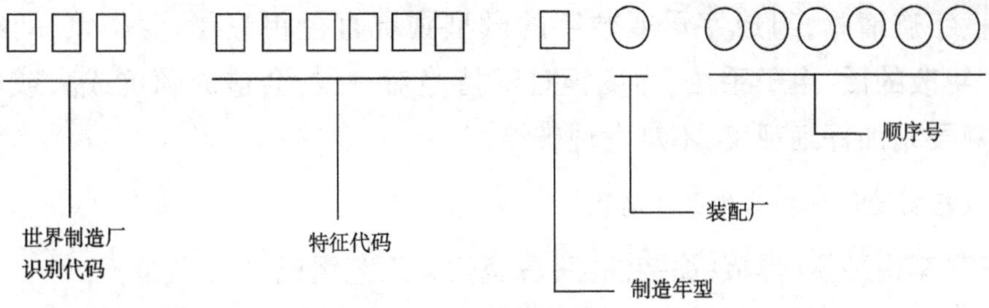

图 6-10 汽车识别代号(VIN)

(1)世界制造厂识别代码见表 6-5。

世界制造厂识别代码 表 6-5

世界制造厂识别代码	汽车厂商	世界制造厂识别代码	汽车厂商
LFP	长春一汽轿车股份有限公司	LHG	广州本田汽车有限公司
LFV	一汽大众	LNB	北京现代汽车有限公司
LSV	上海大众	LEN	北京吉普
LSG	上海通用	LHB	北汽福田
LSJ	上汽集团	LKD	哈飞汽车
LDC	神龙汽车有限公司	LS5	长安汽车
LGB	东风汽车有限公司		

(2)二手车特征代码可以描述出该车车身外形、发动机类型、变速器类型信息。

(3)制造年型是指车型生产年份。东风雪铁龙制造年型见表 6-6。

东风雪铁龙制造年型 表 6-6

年份	年型代号	年份	年型代号	年份	年型代号
1991	M	2001	1	2011	B
1992	N	2002	2	2012	C
1993	P	2003	3	2013	D
1994	R	2004	4	2014	E
1995	S	2005	5	2015	F
1996	T	2006	6	2016	G
1997	V	2007	7	2017	H
1998	W	2008	8	2018	J
1999	X	2009	9	2019	K
2000	Y	2010	A	2020	L

(4)车型顺序号表示汽车上线顺序的生产管理号,通常称作车架号。

VIN 属交管部门掌控信息,不允许擅自改动。如果擅自改动,则会作为嫌疑车辆予以查扣。因此,在察看 VIN 时,一定要认真。工业打标机打出的字母、数字都是横平竖直，字迹清晰，组成字母或数字的微型圆坑直径相等，深度一致，间距均匀。若是人工篡改的话，由于手法、力度很难保持绝对一致，会造成圆坑或大或小、或深或浅等，只要稍加仔细观察，不难发现破绽。

❷ 汽车制造过程和结构原理简述

汽车整车由冲压、焊接、涂装油漆、总装四大工艺组成。

汽车是由发动机、底盘、车身和电气设备四大部分组成。其中底盘是构成汽车的基础，它由传动系统、行驶系统、转向系统和制动系统构成，分别完成传递发动机动力、承受整车质量和实现行走、控制汽车行驶方向、控制汽车行驶速度等主要功能。

❸ 汽车碰撞受损原理简述

由于大多车身采用一体式承载式车身，如图 6-11 所示。当汽车受到碰撞损伤后，其特点是共同承担来自任何方向的碰撞力，如图 6-12 所示。

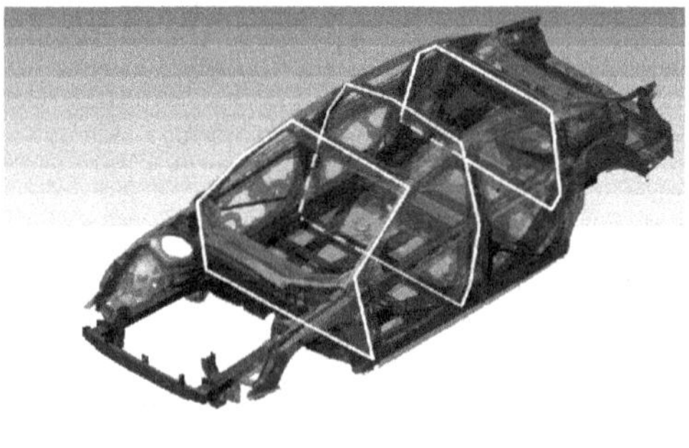

图 6-11　一体式承载式车身

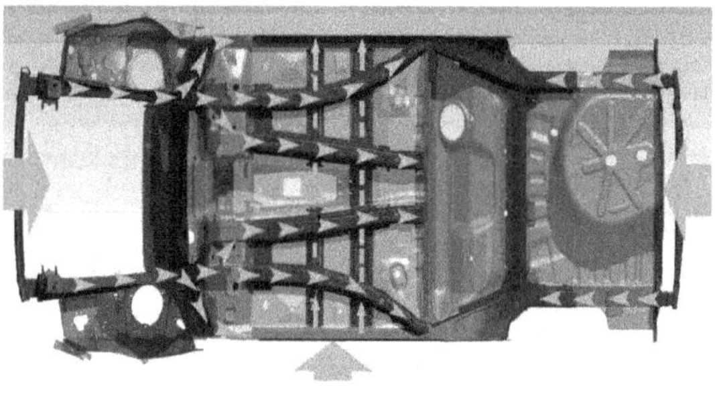

图 6-12　碰撞力的传递轨迹

当碰撞力流在车身上传递时，车身的各个部位都将会受到损伤，如果不采用汽车厂商要求的规范标准工艺来进行修复，车身结构的寿命将大大降低。如果车身结构没有修复成功，那么汽车在行驶中会出现一些不良反应，比如转向不均匀、不稳定；直线过程中有车轮的异响；轮胎有偏磨痕迹；制动时跑偏等现象。

所以，为了更好更彻底地了解一辆汽车的真实情况，需要对汽车进行静态和动态两方面的查验。

❹ 汽车损伤的静态及动态检查

(1)汽车损伤静态检查，主要是对汽车的外在特征进行评估，又分为汽车的外部和内部检测。

汽车的外部检测包括车的外观、间隙面差和油漆等。

车的内部检测包括发动机舱和底盘悬架系统的检测等。比如从发动机舱可以发现很多问题,打开发动机舱观察散热器及前小梁的部分,如果这些部位变形很严重,说明二手车正面发生过剧烈的碰撞。接着要看的是发动机舱两侧翼子板与车身的接缝处有无敲击、焊接过的痕迹,以及密封胶和焊点两侧是否一致,这些都是发动机出厂后有无被修理过的标志。最后要看发动机舱内壁,如果发现里面有敲击、焊接、断裂、漆面锈蚀的痕迹,说明车身曾受过重创。

(2)二手车损伤动态检查,主要是在动态中对二手车所有特征进行评估,通常称为动态路试检测。比如,发动汽车看一下怠速是否异常或有异响;踩下加速踏板汽车是否有打击声。观察被评估汽车排出尾气的颜色,如果是淡灰色,说明车况良好;如果是蓝色,说明发动机可能存在故障。注意发动机的各个连接部位是否有漏油或漏液的现象,有些时候慢性渗漏只在发动机运转情况下出现。动态路试检测结果对于评估二手车至关重要。

(3)二手车损伤静态、动态质量检验标准见表6-7。

二手车损伤静态、动态质量检验标准 表6-7

<table>
<tr><th>编号</th><th>检查内容</th><th>质量标准</th></tr>
<tr><td colspan="3">二手车外观</td></tr>
<tr><td>1</td><td>发动机舱盖及其油漆、表面光洁度;内侧隔音垫无破损</td><td rowspan="2">部件、饰板齐全,且没有锈蚀;漆面划痕长度不超过5cm,表面凹痕不大于5角硬币;每辆车划痕、凹痕小于10处;漆面不能伤及钣金件基部,表面没有任何锈迹和腐蚀痕迹;不能有抛光机无法处理的污迹</td></tr>
<tr><td>2</td><td>前保险杠及其表面油漆</td></tr>
<tr><td>3</td><td>进气格栅及汽车标志</td><td>没有凹痕、扭曲、锈蚀、破损和松动</td></tr>
<tr><td>4</td><td>前照灯、其他灯光罩壳</td><td>部件、饰板齐全,且没有锈蚀和破损</td></tr>
<tr><td>5</td><td>左前翼子板</td><td rowspan="10">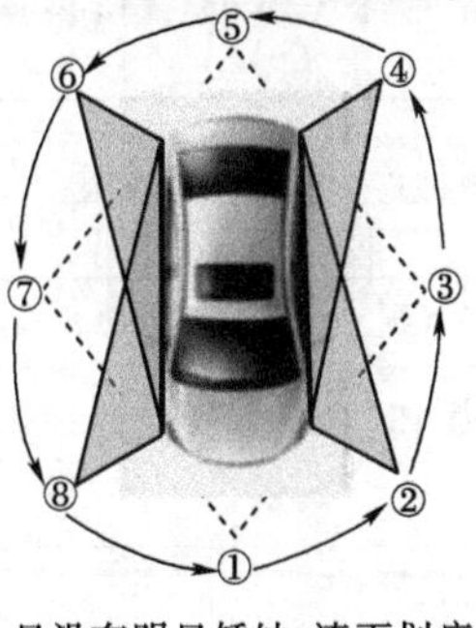

部件、饰板齐全,且没有明显锈蚀;漆面划痕长度不超过5cm,表面凹痕不大于5角硬币;漆面不能伤及钣金件基部,表面没有任何锈迹和腐蚀痕迹;不能有抛光机无法处理的污迹</td></tr>
<tr><td>6</td><td>左前门</td></tr>
<tr><td>7</td><td>左后门</td></tr>
<tr><td>8</td><td>左后翼子板</td></tr>
<tr><td>9</td><td>行李舱盖</td></tr>
<tr><td>10</td><td>后保险杠</td></tr>
<tr><td>11</td><td>右后翼子板</td></tr>
<tr><td>12</td><td>右后门</td></tr>
<tr><td>13</td><td>右前门</td></tr>
<tr><td>14</td><td>右前翼子板</td></tr>
<tr><td>15</td><td>车顶及顶边,ABC三柱,左右后视镜及其油漆表面、装饰保护件</td><td>车门框与A、B、C三柱平整,无修理痕迹,接缝自然平整与出厂时保持一致</td></tr>
</table>

续上表

编号	检查内容	质量标准
16	全车风窗玻璃是否有刮痕、擦痕、裂痕、凹痕	前后风窗玻璃无明显裂纹、气泡、无刮痕、擦痕、凹痕，无渗水漏风，行驶过程中无过大的风噪
17	四轮轮胎及轮罩是否有凹痕、擦痕，轮胎气压是否在规定值范围内	四轮轮胎型号一致，同一轴的轮胎必须是同一品牌；通顺面无损伤和严重单边磨损，花纹深度不少于3cm；轮胎磨损均匀，侧面无鼓包、划痕及凹凸不均；备胎及轮辋无损伤，装饰盖完整，无不正常的褪色
	发动机舱	
18	发动机舱各部件，以及标志、标识状况	视觉观察发动机舱各部件是否渗漏、磨损或缺损；所有的标记和指示标贴、铭牌必须是原厂件
19	诊断校对汽车 VIN、发动机、自动变速器电脑和传感器	电脑检测无故障，记录功能测试及相关数据在正常数值内
20	电路系统及各类线束	线束布置符合原要求，无破损裂纹。接头接触牢靠
21	蓄电池及发电机	蓄电池检测仪测量结果正常，蓄电池桩头无锈蚀、牢固
22	起动机	运转平稳，无异响，回位迅速
23	发动机冷却系统/水泵	散热器护罩、横梁、发动机支座、车身纵梁无变形，无修理痕迹
24	散热器及冷却风扇	工作正常，固定牢固。冷却液无渗漏
25	机油泵/汽油泵	工作正常，无异响
26	助力转向系统，如：助力油液面、助力油泵、方向机，油路管路	液面正常，转向系统工作正常，无渗漏，无噪声
27	制动系统，如：真空助力泵，制动液管路	制动系统工作正常，无渗漏、无噪声。制动主缸和真空助力泵工作正常，制动液在正常水平，管路无渗漏、无破损
28	点火系统，如：火花塞，点火线圈	高压线点火线圈外观无裂纹、破损。发动机运转平稳。汽缸压力符合要求
29	油气循环系统，如：曲轴箱通风	曲轴箱通风系统部件齐全，工作有效
30	供油系统，如：油路、管路及连接处渗漏检查	汽油油路系统，如油路、管路及连接处应该无渗漏，连接牢固
31	真空系统状况	真空软管连接牢固，无裂纹、无磨损
32	空调压缩机	空调系统管路布置符合汽车厂商规定，且无渗漏；空调系统线路无老化、裂纹、破损，检查空调制冷剂 R134a 并充注
33	冷凝器、蒸发器系统	
34	发动机正时皮带、发电机皮带、空调皮带	工作正常，无裂纹、无老化现象，张紧轮无异响，张紧度符合要求
35	仪表板，如：装饰件、控制件、时钟重设	无缺件、无松动、无损伤的部件

续上表

编号	检查内容	质量标准
36	右前座椅和门内侧,如:坐垫、控制件、内装饰件,头枕	没有撕裂、破损、烟头烧焦的痕迹、污迹,座椅轨道未断裂,未卡死
37	右后座椅和门内侧,如:坐垫、控制件、内装饰件,头枕	
38	左前座椅和门内侧,如:坐垫、控制件、内装饰件,头枕	
39	右后座椅和门内侧,如:坐垫、控制件、内装饰件,头枕	
40	车内部全部地毯和脚垫	没有撕裂、破损、烧焦的痕迹、污迹
41	内饰,如:遮阳板、化妆镜	没有烧焊、松旷、修复痕迹;无破损、烧焦的痕迹;无裂缝和污迹
42	行李舱内侧装饰件及钣金件	
43	钥匙/遥控钥匙	功能正常。备有两套钥匙及遥控器
44	收音机	功能正常
45	组合仪表/多功能显示屏	功能正常
46	内部照明,如:仪表板灯	车内所有的照明系统:仪表台背景灯、顶灯、车内灯、阅读灯等工作正常,开关自如,灯泡及插座无损坏
47	外部照明,如:前照灯、转向灯、雾灯、制动灯等	车外照明系统。如:前照灯(远光、近光)、制动灯、倒车灯、转向灯、尾灯、行车灯、牌照灯、雾灯工作正常,开关自如。转向开关和组合开关工作正常。外观无损坏,无松旷现象
48	门拉手/门锁,如:锁止装置/儿童保护装置功能正常	工作正常,无裂纹,无松旷;密封严密,装饰条齐全
49	座椅,如:电动座椅功能正常	调整座椅位置、角度,所有滑槽、定位、锁止功能正常,如有六向或八向电动座椅调节功能,必须正常调节;外观无损坏、无松旷、无磨损现象
50	汽油箱锁/行李舱锁/前盖锁	工作正常,按键和拉锁无磨损和松旷,开关自如
51	车窗玻璃,如:操控开关、电控按钮正常	正常工作,车窗玻璃升降顺畅无卡滞,防夹功能正常;儿童保护装置功能正常
52	车载警报器/车载电话	功能正常,配件齐全
53	车载电源/点烟器	
54	电动天窗	电动天窗工作无振动、噪声,升降顺畅无卡滞,与汽车厂商设计一致。外观无裂纹和破损,密封正常,防夹手功能正常
55	目视检查,如:车身、车身底部、覆盖件、钣金件	无变形、无修复电焊痕迹;结合部位牢固、无裂纹;各悬架装置无松旷现象
56	底盘托架、发动机下护板	无变形、无撞击、无松旷、无锈蚀、无渗漏滴流现象;发动机下护板无干涉,固定牢固

续上表

编号	检查内容	质量标准
57	排气系统，如：进排气管、三元催化转换器，消声器固定件	三元催化转换器和消声器无撞击、无破损；符合国家规定的尾气排放标准
58	前后制动盘/鼓、摩擦片	制动盘/鼓、摩擦片磨损正常；平整无弯曲变形；摩擦片厚度足够
59	前后卡钳	无变形、无撞击、无松旷、无渗漏滴流现象；无磨损、无锈蚀，衬垫卡簧齐全
60	制动液压系统，如：管路、罩盖	无变形、撞击、松旷等，无渗漏，制动软管无老化裂纹
61	炭罐及控制阀、管路	连接牢固，无撞击，完好不变形
62	前后减振器及支座	无松旷、变形、撞击、磨损、渗漏等，减振器功能良好，转向无异常噪声；支座无裂纹
63	减振器弹簧和支座	安装正确，无松旷、无磨损、无变形
64	稳定杆/平衡杆	连接牢固，无撞击、无变形、完好不变形
65	三角臂及拉杆等状况	安装正确无松旷、无磨损、无变形
66	转向器连接装置	连接正确，无松旷变形
67	发动机下侧部件	连接牢固、无撞击、无变形、无油液渗漏，完好不变形，变速器的支撑无破损
68	变速器下侧部件	
69	驱动系统，如：传动轴、防尘罩	密封牢固、无撞击、无变形、油脂无渗漏
70	后桥	无变形、无撞击、无松旷等；没有严重撞过的痕迹、无磨损、无锈蚀，完好不变形
71	ABS 传感器和线路	自检功能正常，线路连接牢固，传感器工作稳定可靠
72	自动变速器液压系统（渗漏、润滑油）	管路连接正常牢固，软管无裂纹，不滴漏
73	转向器齿轮装置（检查渗漏）安装	转向器无漏油现象，安装正确，无松旷
74	驻车制动拉索磨损程度	具有较强制动效果，释放自如，无噪声，无较大裂纹
75	冷车或热车时发动机工况	发动机起动迅速、工作有力，高低速过渡平衡安静，点火正时准确，无烧机油现象，无敲缸声，无漏油、气、液、电等现象
76	汽车加速性能	加速正常平衡，不存在抖动等异常现象
77	使用诊断仪对发动机、自动变速器动态诊断	发动机数据正常，无故障，变速器挡位指示，换挡正常
78	自动变速器操控性	自动变速器各级挡位传动比正常，换挡正常无冲击
79	离合器液压系统	无异响、无渗漏，分离彻底平顺
80	机械变速器	操作灵活、不松旷，换挡自如无卡滞，所有挡位正常
81	离合器分离程度/踏板行程	离合器操作轻便、接合平衡，分离彻底
82	仪表指示（全部仪表指示灯）	所有计量表（里程表、转速表、水温表、油量表等）和警示灯（车载诊断仪警示灯）和其他电子信息装备和灯光工作正常，指示准确；自动灯光功能正常

续上表

编号	检查内容	质量标准
83	反光镜/后窗除霜操作	反光镜无破损和磨损,电动或手动调节功能正常;反光镜漆面无划痕,无松动
84	制动系统/ABS	系统自检无故障,仪表指示正常;ABS制动正常,无跑偏、无甩尾;制动距离达到国家规定的在用机动车安全运行技术条件
85	转弯、直行轻松无噪声,转向盘水平置中	无跑偏、车轮无摆动、无发飘和振动现象
86	被动安全系统,如:气囊、安全带	气囊完整,气囊盖表面无裂纹、无掉色、无开裂;仪表指示工作正常;安全带搭扣调节和卷缩器正常;安全带无严重磨损、无切口和裂缝
87	车身四门	车门和门锁开启顺畅,自动落锁功能正常;车门胶条平整,门铰链和限位器工作正常
88	底盘/悬架系统/轮胎	底盘/悬架系统整体无异常噪声、无松旷、无振动;车身线束固定牢靠
89	巡航控制系统	工作正常,控制开关按键齐全有效
90	刮水器清洗操作	刮水器无松旷,刮刷角度正常,前照灯及刮水器喷液流畅,无清洗液泄漏;刮水器工作时无抖动和异常噪声;各部件齐全、固定牢靠
91	转速表/速度表/里程表/汽油表/水温表	功能正常、符合标准
92	可调式转向盘	转向盘调整功能正常
93	音响系统/卡式磁带/CD/VCD/DVD/扬声器/天线	液晶显示、背景照明正常;外观没有明显损伤;按键开关齐全有效
94	冷暖空调	空调冷热调节功能正常,制冷速度达到一定设计要求;风扇、温度、模式控制、除雾、除霜功能达到汽车厂商设计要求;空调系统过滤网干净,通风道通畅
95	汽车喇叭	喇叭高低音色无异常
二手车维护		
96	变速器润滑油/发动机机油/汽油	无变质、无污染。如需更换机油,机油需添加至正常液位
97	机油/空调/空气滤清器/汽油滤清器	检查各滤清器,必要时更换原厂认可配件;进气系统正常
98	防冻液/制动液/风窗清洗液	视情况进行添加,保持液面正常
99	润滑枢轴点,如:机盖/门铰链,驻车制动器	工作正常,无严重异响
100	排放系统/自诊断系统	尾气排放/自诊断系统达到国家或地方规定的车辆年检标准
清洁和附件检查		
101	清洁内饰表面和烟灰缸	清洁无灰尘;点烟器工作正常,零件无破损
102	车厢地毯及行李舱	没有撕裂、破损、烧焦的痕迹和污迹,清洁无灰尘

续上表

编号	检查内容	质量标准
103	车厢内饰顶/座椅/其他内装饰	没有破损、松旷、烧焦的痕迹及裂缝、污迹和油渍
104	清洁发动机舱	没有破损、松旷、烧焦的痕迹及裂缝、污迹和油渍
105	风窗玻璃及汽车外观	风窗玻璃没有缺口、破裂、划痕、气泡、裂痕和凹口，清洁无污点；去除车身上的沥青及其他污物，外观表面清洗、抛光、打蜡；轮胎光洁去杂质
106	备胎、随车工具、用户维护手册和原质量担保手册	齐全有效，如遗失需尽快通过汽车经销商补齐
107	维护记录	维护历史完整、清楚、正规

2 二手车认证管理

二手车认证需要遵循一定的要求和规范，品牌汽车二手车认证管理流程及规范如图 6-13 所示。

品牌汽车二手车认证管理流程中车辆整备环节是对收购或即将置换的二手车进行维护，从某种意义上说，整备是提升二手车的残余价值，让用户有用二手车的价格购买到新车的感觉。

品牌汽车二手车整备项目和操作要求包括以下方面。

(1)车身部件的维护。

①车身结构金属件维护。

a. 发动机部分维护项目包括：起动发动机，倾听发动机在怠速、中速和高速运转时有无杂音、异响；清除积炭、油污和结胶，清理水垢。清洗主油道、油底壳；检查各机件的技术状况；检验气门弹簧，检查轴承衬瓦，根据情况更换活塞环；检查油封，根据情况进行更换；检查供油系统，空气滤清器和机油、汽油滤清器及其管道，并根据情况进行拆修；检查空气压缩机工作情况，根据情况进行调整。

b. 离合器部分维护项目包括：检查和调整离合器，根据情况更换制动盘摩擦片和分离轴承；检查和调整离合器踏板的自由行程，向踏板轴加注润滑脂；检查和调整变速器，根据情况进行维修或更换；加注对应号的齿轮油至所需高度，运转检验质量。

c. 前桥部分维护项目包括：检查前制动鼓、制动蹄片，根据情况更换制动摩擦片；检查制动蹄片、凸轮轴的磨损情况，调整制动蹄片与制动鼓之间的间隙；调整前轮毂轴承的松紧度，更换润滑脂；检查转向节和主销磨损情况，根据情况更换垫圈或止推轴承，加注润滑脂，紧固轮胎螺母。

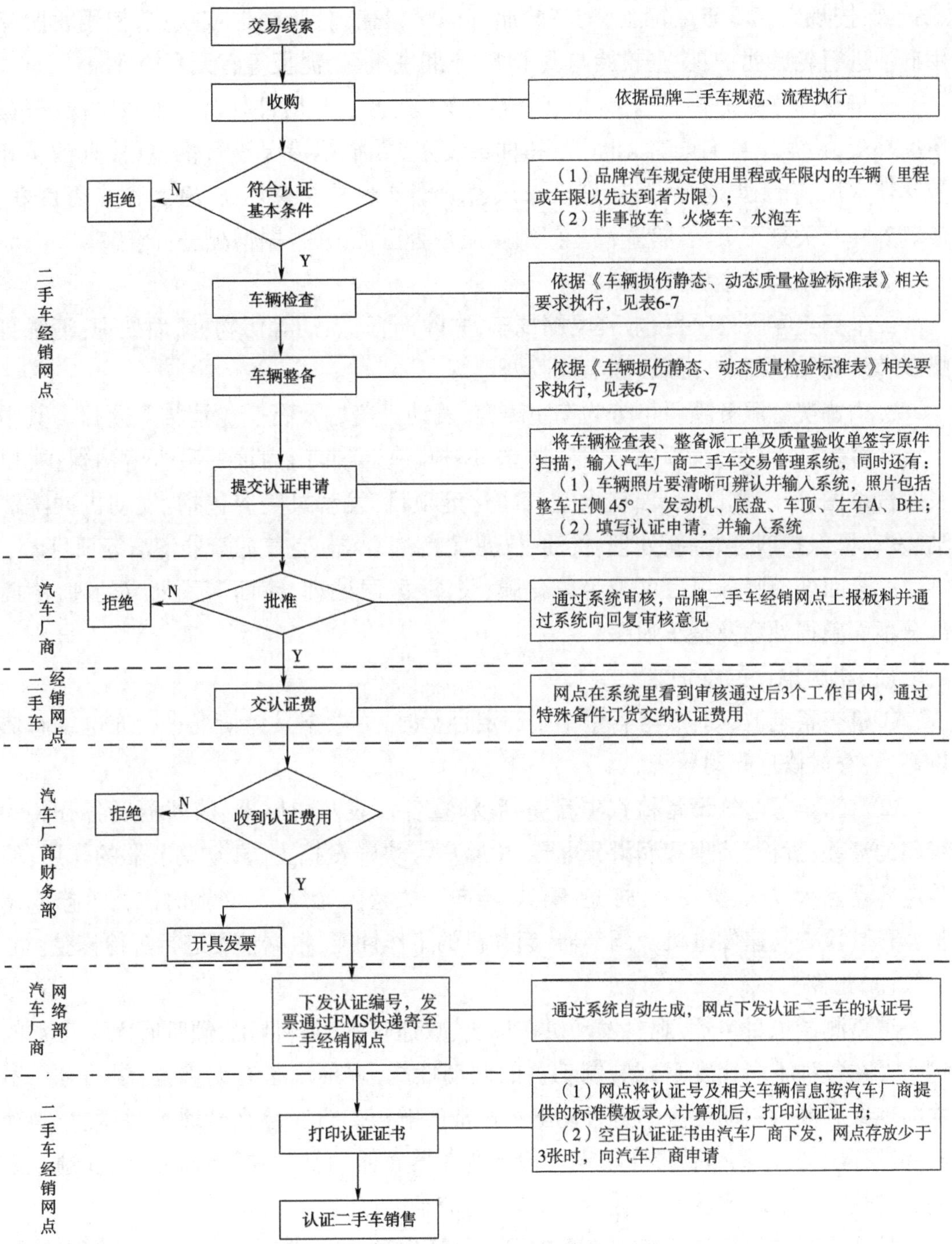

图6-13　品牌汽车二手车认证管理流程及规范

d. 轮胎部分维护项目包括：清理胎纹里的石子等夹杂物，检查外胎有无鼓泡、脱层、断线、裂伤、变阻、老化等；检查轮辋有无变形，清除轮辋锈污；检查内胎有无损伤或折皱；按规定气压充足轮胎，配齐轮胎气门嘴帽盖；轮胎翻边或换位，使用轮胎专用硅油进行轮胎养护；检查轮胎与翼子板、车厢底板、挡泥板等有无摩擦现象。

e. 车身部分维护项目包括：检查修整全车身、各个开启件外观的油漆情况，根据情况补漆；检查车身大梁有无断裂、扭曲或变形，并根据情况进行修整；检查油箱和散热器水垢，有无焊修渗漏；检查全车风窗玻璃外观是否有划伤，密封性是否良好，玻璃升降开关是否灵活；检查汽车门锁功能是否正常，并根据情况进行修整。

②车身结构非金属件维护。

a. 车身美容服务项目包括：电脑洗车，去除沥青、焦油等污物；漆面处理；清洗打蜡；轮辋、轮胎、保险杠翻新、底盘涂胶处理等。

b. 内饰美容服务项目可分为车室美容、发动机美容及行李舱清洁等项目。其中车室美容包括：仪表台、顶篷、地毯、脚垫、座椅、座套、车门内饰的吸尘清洁保护，以及蒸汽杀菌、冷暖风口除臭、室内空气净化等项目；发动机美容包括：发动机冲洗清洁、发动机保护剂，做翻新处理，机油、机滤、汽油滤清器、空气滤清器清洁等项目。

c. 漆面处理服务项目可分为氧化膜、飞漆、酸雨处理，漆面深浅划痕处理，漆面部分板面破损处理及整车喷漆。

(2)机械电气的维护。

①检查蓄电池，如：放电容量小于额定容量时，可根据具体情况进行充电或解体修理，检查或修理起动导线。

②汽车全部电气设备检查项目包括：检查各仪表及传感器、熔断器及各开关和线路的清理；拆检、清理和润滑分电器，检验离心块弹簧拉力、真空调节器的作用，检验电容器点火线圈、火花塞、灯光、喇叭、转向开关及闪光灯等，必要时进行拆修或调整；清理、检查高速发电机及调节器，起动机的工作性能，根据情况进行拆检修整。

(3)道路测试。

道路测试项目包括：观察发动机在加速、减速时的运转情况，倾听有无不正常的响声。在各种不同速度下试验制动器的制动性能，观察汽车有无跑偏、制动有无不均的现象。倾听制动时汽车是否发出不正常的响声。汽车停在陡坡上，将驻车制动器操纵杆拉紧，车辆是否停止不动。检查变速器壳体、后桥主减速器壳体、各制动鼓是否过热。若道路测试发现有不正常现象，应予以消除。

品牌汽车二手车认证管理流程中提交认证申请环节，需要二手车经销网点填写申请单，然后提交申请单。其他单据和照片以附件的形式上传至品牌汽车二手车经销商管理系统即可。《二手车认证申请表》见表6-8。

二手车认证申请表 表6-8

网点名称		网点编码		用户姓名		车牌号	
用户地址		联系电话		车型		VIN	
排量		变速器形式:□手动 □自动				颜色	
上牌时间		行驶里程		使用性质			
认证金额		认证年限		认证里程			
车辆照片							

正左侧45°	正右侧45°
发动机舱	底盘
车顶	里程表
左侧A柱	右侧A柱
左侧B柱	右侧B柱

二手车经理签名		服务经理签名	
×××(汽车品牌) 二手车审核员		认证编号	

(四)品牌汽车二手车销售

品牌汽车二手车销售属于售前业务的范畴,本书以介绍汽车售后业务为主,在此仅将品牌汽车二手车销售流程及其说明作简要介绍。

1 销售流程

品牌汽车二手车销售流程如图6-14所示。

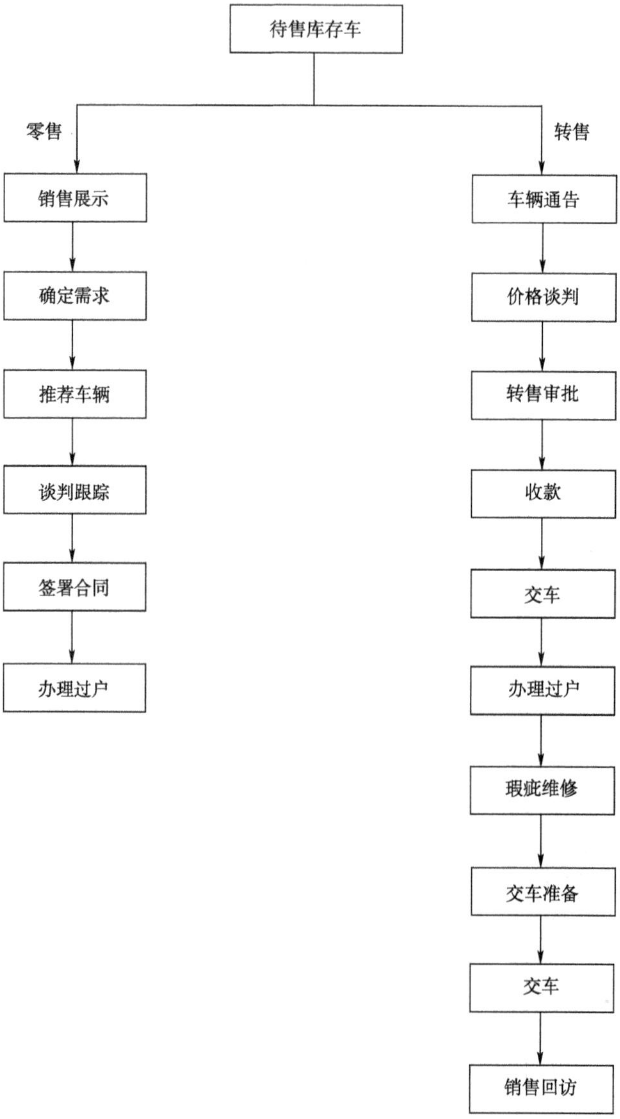

图6-14　品牌汽车二手车销售流程

2 销售流程说明

品牌汽车二手车销售流程说明见表6-9。

品牌汽车二手车销售流程说明 表6-9

零售		
工作项目	标准·要求·方法	责任岗位
确定需求	(1)购车预算、用途; (2)拟购车型描述; (3)拟购时间等	二手车专员或二手车销售顾问
推荐车辆	(1)报价; (2)车辆交底	
谈判跟踪	(1)成交价格须由二手车经理确认; (2)按照潜在用户管理要求执行	
签署合同		二手车专员
办理过户	(1)免费代办过户; (2)相关收费与用户据实结算	二手车专员或二手车销售顾问
瑕疵维修	为了不影响车辆真实状况的判断而未修整的部分瑕疵,可以征询用户意见,是否维修	
交车准备	(1)整理手续; (2)车辆检查; (3)与用户预约	
交车	(1)按照与用户的预约时间,提前将车辆和手续准备好,车辆停到指定位置; (2)依所交车清单向用户交车; (3)交车清单作为用户档案保存; (4)与用户合影	
销售回访	(1)二手车售出一周之内,需要对用户进行回访,了解和记录车辆及用户使用情况; (2)二手车售出一个月内,向用户直邮感谢信函,并告之用户,客服部门将延续为用户服务及服务项目;感谢信由二手车销售顾问与客服代表联名发出	二手车专员或二手车销售顾问或客户服务代表
转售		
工作项目	标准·要求·方法	责任岗位
车辆通告	通过传真、电话、互联网等方式向转售对象发布车辆信息或现场看车	二手车专员或二手车经理

续上表

转　　售		
工作项目	标准·要求·方法	责任岗位
价格谈判	(1)收集买家的底价,作价格比较; (2)选择买家做价格谈判	二手车专员或二手车经理
转售审批	拟订转售价格、买家、转售建议,报总经理批准	
收款		
交车	(1)确认车款到账后交车; (2)依据交车清单移交车辆	二手车专员或二手车销售顾问
办理过户	(1)跟踪监督办理过户手续; (2)保证过户手续完整齐备	

（五）品牌汽车二手车质量担保

1 品牌汽车二手车定义和保修政策

品牌汽车认证二手车定义简要如下：

(1)本汽车品牌下的二手汽车。

(2)在本汽车品牌规定使用里程或年限内的汽车(里程或年限以先达到者为限)。

(3)非营运汽车;非事故车、水泡车、火烧车。

(4)通过本汽车品牌授权认证网点技术整备,即二手车损伤静、动态质量检验合格的车辆。

达到以上要求,汽车厂商就可以对认证汽车提供有限的质量保证,使用户享受到和新车一样完整的售后服务,提高了品牌汽车经销商的竞争力。

2 品牌汽车二手车与新车保修政策的区别

品牌认证二手车可享受有限的质量担保,与该品牌新车可享受的质量担保政策范畴有所区别。品牌认证二手车索赔与新车索赔区别见表6-10。

3 品牌汽车二手车质量担保业务操作

(1)汽车品牌认证二手车质量担保期内的拖车服务。

汽车品牌认证二手车质量担保期内的拖车服务事先应得到该汽车品牌二手车经销商的授权批准。

品牌认证二手车索赔与新车索赔区别 表6-10

<table>
<tr><th colspan="2">区 别 点</th><th>新 车</th><th>二 手 车</th></tr>
<tr><td rowspan="2">质量担保期</td><td>出租/营运性</td><td>汽车品牌指定使用年限和行驶里程(以先达到者为限)。例如,东风雪铁龙汽车品牌新车质量担保期限规定:使用1年或行驶10万km(以先达到者为限)</td><td rowspan="2">汽车品牌指定使用年限和行驶里程(以先达到者为限);
例如,东风雪铁龙汽车品牌二手车质量担保期限规定:使用1年或行驶2万km(以先达到者为限)。相对于新车来说,二手车质量担保期要短很多</td></tr>
<tr><td>非出租/非营运性</td><td>汽车品牌指定使用年限和行驶里程(以先达到者为限)。例如,东风雪铁龙汽车品牌新车质量担保期限规定:使用3年或行驶10万km(以先达到者为限)</td></tr>
<tr><td colspan="2">质量担保日期起始</td><td>从用户购车开发票之日起计算</td><td>不是从认证批准日期开始计算,而是从该车销售之日起开始计算</td></tr>
<tr><td colspan="2">由产品设计制造材料缺陷引起</td><td>可以进行质量担保</td><td>不能进行质量担保</td></tr>
<tr><td colspan="2">不属于质量担保的范围</td><td>不满足整车质量担保中的任何一条</td><td>不满足新车、二手车和备件担保条件中的任何一条</td></tr>
</table>

(2)汽车品牌认证二手车质量担保期。

二手车在出售、交付最终用户时,原新车质量担保期如尚有效,车主可继续享受该汽车品牌提供的"认证二手车"质量保证,即:该汽车品牌"认证二手车"完整的质量担保期=新车剩余质量担保期+认证二手车质量担保期。

案例分析:用户王某于2017年12月15日在东风雪铁龙经销网点购置一辆东风标致4008私用,因事故原因于2018年12月15日,汽车行驶里程至30000km,向东风雪铁龙二手车经销网点出售。该车经修复认证后于2018年12月20日售出。请计算出该车完整的质量担保期限。

案例解析:

该车完整质量担保期限=新车剩余质量担保期+认证二手车质量担保期

新车剩余质量担保期:

东风雪铁龙非经营类汽车新车质量担保期限规定3年或行驶10万km(以先达到者为限),该车截至2018年12月20日作为二手车售出时,未超出新车质量担保期限。经过计算可得,该车剩余质量担保限为13个月或再行驶30000km(以先达到者为限)。

认证二手车质量担保期限:

东风雪铁龙二手车质量担保期限规定:1年或行驶2万km(以先达到者为限),

从该车销售之日起开始计算。

经过计算可得，该车完整质量担保期限为 1 年 13 个月或行驶至 80000km（以先达到者为限）。

（3）二手车质量担保确认与授权。

唯汽车品牌二手车授权网点才能开展二手车保修业务；授权服务网点必须对需要索赔的汽车按照该汽车品牌“认证二手车”的有关规定进行严格确认。

（4）二手车质量担保申请。

①二手车所有保修必须 100% 填写质量担保申请单，待汽车厂商同意后再进行维修；

②质量担保鉴定单按新车保修流程进行申报。

（5）二手车质量担保旧件的管理和回运。

①二手车的质量担保旧件必须与新车的质量担保旧件分开摆放；

②二手车质量担保旧件每月向汽车厂商回运一次，同新车旧件一同返回；

③二手车质量担保旧件必须单独包装，并在外包装上注明“二手车质量担保旧件”；

④二手车质量担保旧件管理和回运的相应表单填写参照新车质量担保旧件的相应表单格式制作，但在表单上的标题栏区域必须注明“二手车质量担保旧件”字样。具体要求参见“第五章汽车质量担保业务”中“第五节汽车质量担保旧件管理”。

第七章 Chapter 7

汽车用户投诉处理

学习目标

通过本章的学习，你应当能：

1. 正确认识投诉的价值；
2. 明确汽车用户投诉处理工作中的基本原则；
3. 掌握处理汽车用户投诉的基本方法和技巧；
4. 通过汽车用户投诉处理的案例分析，灵活应用投诉处理技巧。

世界上任何企业都不能保证他们的产品和服务永远不出问题，因此用户的抱怨和投诉也就不可避免。处理好用户的抱怨和投诉，不仅可以增强用户的忠诚度，还可以提升企业形象。

第一节　汽车用户抱怨和投诉的状况分析

当用户有问题需要解决时，可能采取抱怨和投诉的方式，希望由此得到企业的关注和重视。也有的用户不选择投诉，因为他们对企业失去信心，不相信问题可以得到解决。所以，对用户的投诉，我们要进行有效的处理和转化。这样既能为企业赢得用户较高的忠诚度，更能为企业提升形象，树立良好的口碑。

一、汽车用户抱怨和投诉现状

如图 7-1 ~ 图 7-3 所示，分析用户抱怨和投诉的实际状况，在图中填写用户抱怨和投诉的原因。

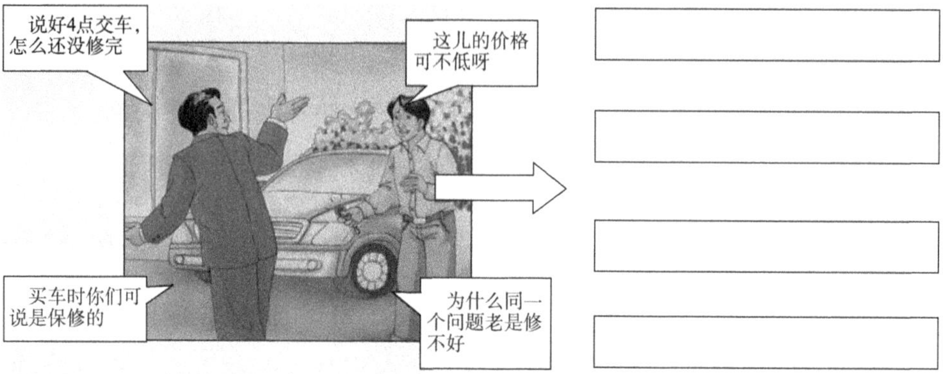

图7-1　汽车用户抱怨和投诉典型状况(一)

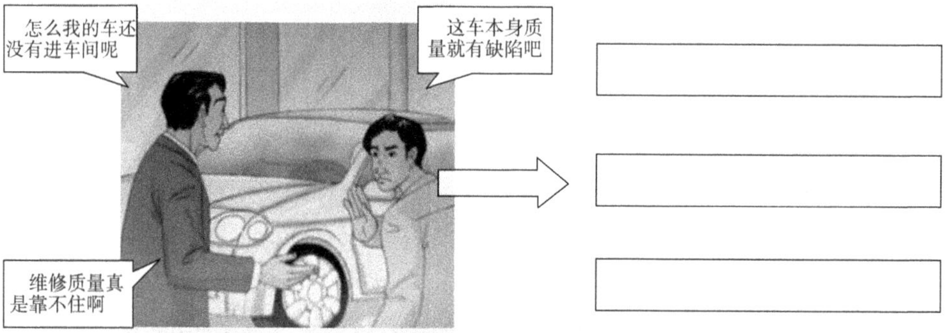

图7-2　汽车用户抱怨和投诉典型状况(二)

图7-3　汽车用户抱怨和投诉典型状况(三)

二 令用户不满意的主要原因

1 有关情感的原因

(1)用户觉得不被尊重。例如:用户反应停车制动软,咱们服务顾问解释“这车就这样”。用户会怎么想?

(2)用户觉得受到了不平等待遇。例如:服务顾问和某位老用户热情交流,有说有笑,并以言语或肢体表达对老用户的承诺,陌生用户会怎么想?

(3)用户觉得有被骗的感觉。例如:汽车经销商售后服务网点搞促销之前,服务顾问未及时通知用户,事后用户知道汽车因促销降价了。用户会怎么想?

(4)用户心理不平衡。

(5)用户觉得服务态度有问题。

2 有关功能的原因

(1)产品质量:如发生重大交通事故,汽车安全气囊未起作用等。

(2)维修质量:汽车同一故障因维修质量问题反复维修,伤害到用户的利益。

3 功能方面的问题有很大一部分会向情感去转化

案例分析:某用户汽车前部碰撞,需更换右前减振器。汽车经销商售后服务网点没有相关备件,无法及时修复。与用户协商后,提出立即订购备件,事故汽车留厂待修的解决方案,得到用户认可。待网点收到订购备件后发现不是右前减振器,而是右后减振器。用户会有怎样的想法或做法?

案例分析:用户有可能会不满或投诉。原因是不论上述问题是哪方的原因,用户都有可能会认为汽车经销商售后服务网点服务态度或服务质量存在问题。通过本案例的分析,原本属于功能方面的原因,极有可能转化成情感的原因。

三 用户满意度低的危害

(1)用户不再宣传汽车品牌的优点。

(2)会有 N 个人说汽车品牌的缺点。

四 用户满意度高的益处

(1)增加再次售后消费的可能性。

(2)推荐潜在用户。

(3)愿意付较高的价格。

(4)增加再次购车的可能性。

用户再次购车的可能性,取决于销售和售后服务的满意程度,见表7-1。

服务满意与再次购车意向关系　　表7-1

销售服务	售后服务	再次购车意向
满意	满意	71%
不满意	满意	26%
满意	不满意	1%

五 用户投诉的价值

用户投诉的价值表现在以下几个方面:

(1)像老师一样指出不足之处。

(2)重新建立良好关系的机会。

(3)朋友的无私馈赠。

(4)有利于树立汽车品牌形象。

(5)明确汽车厂商或汽车经销商售后服务网点的改进方向。

(6)给汽车厂商或汽车经销商售后服务网点带来更多商机。

第二节　汽车用户抱怨和投诉的处理原则及技巧

对于服务行业的工作者来说,处理投诉是一项非常具有挑战性的工作。而对每位服务顾问来讲,如何能够高效地处理用户抱怨或投诉也是一个亟待解决的问题。

一 汽车用户抱怨和投诉的特点

1 汽车用户抱怨的特点

(1)大多采用的是质问的语气。

(2)通常配合不满的表情和肢体语言等。

(3)怀疑的态度。

2 汽车用户投诉的特点

(1)用户要求高额赔偿、退车或采用威胁的方式。

(2)与汽车安全有关,如车辆火灾、事故、人身伤亡事件。

(3)邀请第三方参与,如政府机构、媒体、消协、律师、警察、消防部门等。

二 汽车用户抱怨和投诉的处理原则

处理抱怨和投诉时需遵循一些原则,这些原则并非是流程,需要在特定情况下通过更灵活的沟通方式来实现。

1 汽车用户抱怨的处理原则

(1)汽车用户抱怨的处理原则如图7-4所示。

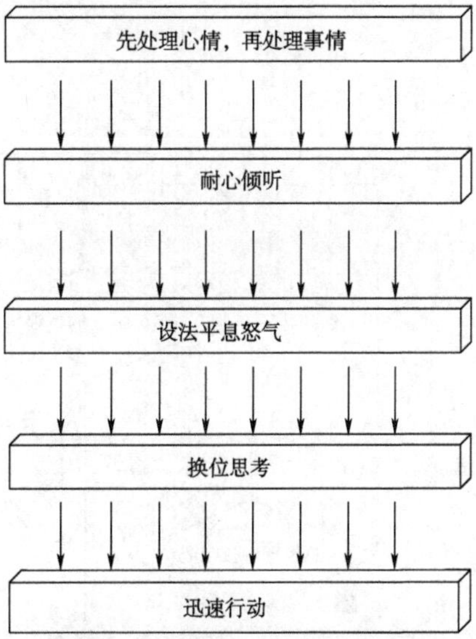

图7-4 汽车用户抱怨处理原则

(2)汽车用户抱怨的处理原则说明。

①先处理心情,后处理事情。用户对我们不满,有68%是服务态度原因,要对用户心情进行安抚,在情感上多沟通,多表示理解和同情,然后再解决实际的问题。

②耐心倾听。让用户把话说完,既要听事实,还要听情感,然后适时发表意见或建议。

③设法平息怒气。既要复述用户抱怨的事实,还要复述情感。比如:“您的心情我们非常理解”“我知道您很着急”等。

④换位思考。

⑤迅速行动。紧急受理,慢慢处理。紧急受理是指服务顾问接受用户抱怨和投诉的速度一定要快,重视用户的意见和情感。慢慢处理绝不是指时间上的慢和故意拖延,而是指细致地处理,随时倾听用户的感受。

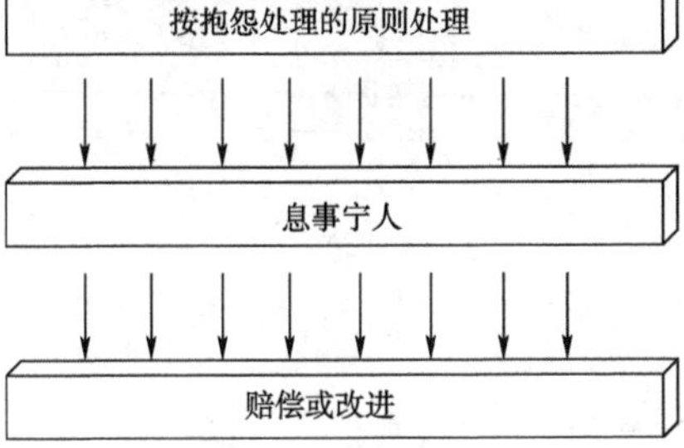

图7-5 汽车用户投诉处理原则

2 汽车用户投诉的处理原则

(1)汽车用户投诉处理原则如图7-5所示。

(2)汽车用户投诉的处理原则说明。

①按抱怨处理的原则处理。从投诉处理的战术层面来考虑,需要学会大事化小,如果能把事情控制在一定范围内并予以解决,不论对用户、网点

还是汽车厂商来说都好。

②息事宁人。把投诉事件控制在服务顾问能力范围内,不要让事态扩大。

③赔偿或改进。降低用户的期望值,赠送短期特殊服务,提升服务档次。

三 汽车用户抱怨和投诉的处理流程

汽车用户抱怨和投诉的处理流程如图 7-6 所示。

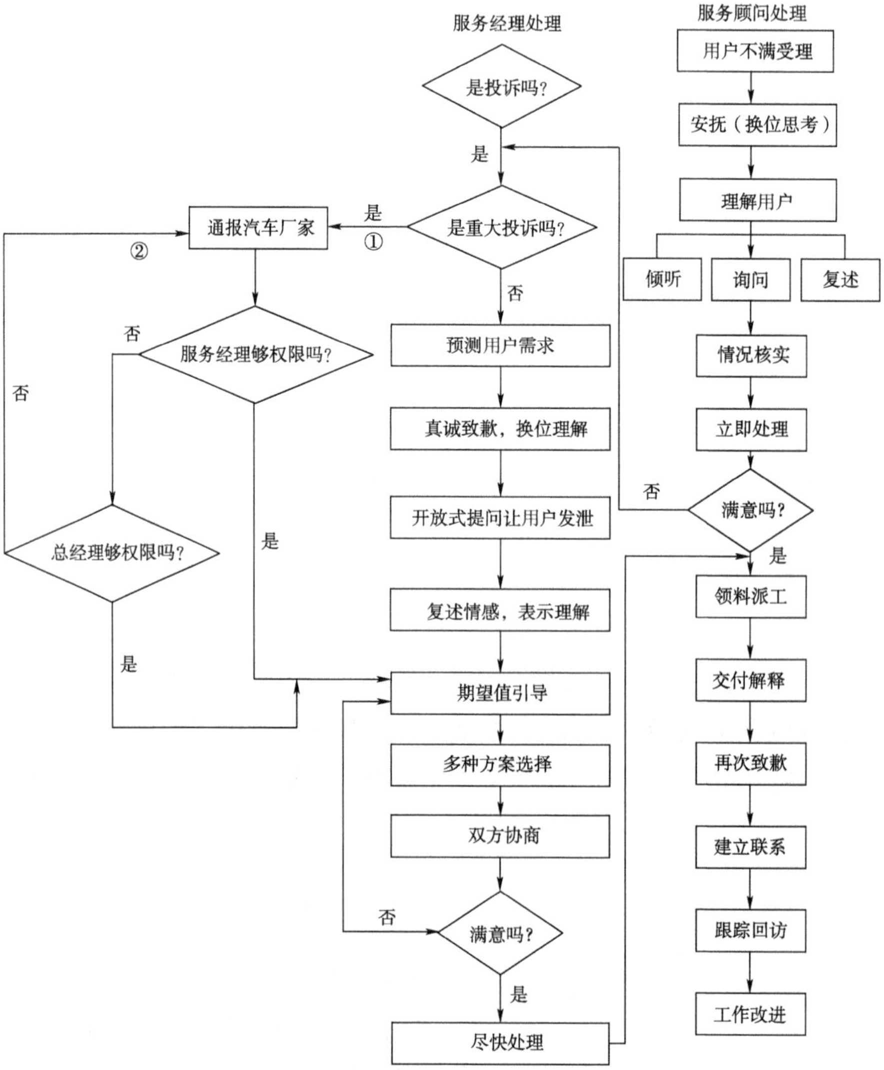

图 7-6 汽车用户抱怨和投诉的处理流程

汽车用户抱怨和投诉处理流程说明:

(1)图7-6中标注①:重大投诉必须报汽车厂商备案。

(2)图7-6中标注②:若汽车经销商售后服务网点总经理不够权限处理,必须请示汽车厂家有关部门,并提供相关资料,由汽车厂商代表出面与用户协商,达成双方一致的最终处理方案。

四 汽车用户抱怨和投诉的处理技巧

1 汽车用户抱怨和投诉处理的主要环节

汽车用户抱怨和投诉处理的主要环节如图7-7所示。

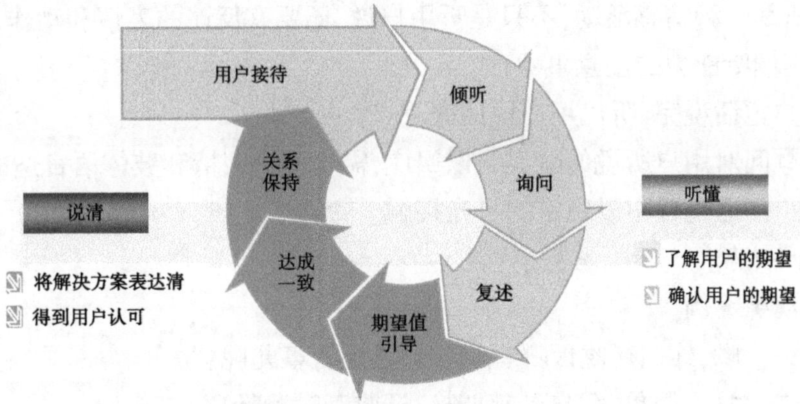

图7-7 汽车用户抱怨和投诉处理的主要环节

2 汽车用户抱怨和投诉处理主要环节技巧

1 用户接待环节技巧

(1)用户接待前做好充分的准备工作。

①预测用户的需求。

a.环境需求:用户接待区、休息区、停车位、维修区等。

b.信息需求:维修价格、维修步骤、技术专家等。

c.情感需求:被理解、被关注、被同情、被赞美等。

②满足用户需求的准备。

a.环境需求:清洁清理用户接待区、休息区、停车位、维修区。

b.信息需求:熟悉维修价格、维修步骤。

c. 情感需求：理解用户、关注用户、同情用户、赞美用户。

(2)接待用户的注意事项。

①职业化的第一印象：按汽车经销商售后服务网点员工着装标准着装，保证整洁、无破损，佩戴工作牌；检查仪容、仪表，保证面部各部位干净、整洁，无异味；始终保持饱满的精神面貌和微笑的面容。

②欢迎的态度：发自内心自然、真诚的微笑，切忌做作和皮笑肉不笑。

③关注用户的三种需求：环境需求、信息需求、情感需求。

④以用户为中心。

2 倾听环节技巧

(1)倾听既要听用户说事实，还要听用户的情感。

(2)倾听是一种情感活动，不只是听用户说，还要有反馈的表情和动作。

(3)提高倾听能力的注意事项：

①让用户把话说完，听出用户说话的重点；

②服务顾问对用户所说的事实予以回应，需求配合表情和肢体语言适时表达；

③与用户沟通过程中以稳定的目光接触。

(4)倾听演练。

①实战演练案例。

a. 用户一："哟，你们还吃饭哪！我一会儿还有事儿呢！"

b. 用户二："这么简单，我自己都能换，还收工时费呀！"

c. 用户三："这个门已经修了三次了，是维修问题还是备件问题呀！"

②实战演练要求。

a. 分组：用户组、服务顾问组（每组分别选1名同学扮演用户，1名同学扮演服务顾问）。

b. 要求：服务顾问通过倾听练习，分析出听到用户所表达的事实与情感。

c. 点评：互相点评、老师点评。

③演练点评。

a. 用户一："哟，你们还吃饭哪！我一会儿还有事儿呢！"

事实：用户汽车修到一半时工人去吃中午饭了。

情感："你们去吃饭，怎么没有人问我有没有吃饭呢？"；"由于你们吃饭耽误我的事可不行，最好马上给我修。"

b. 用户二："这么简单，我自己都能换，还收工时费呀！"

事实：一个可能看上去比较简单的维修项目。

情感:“这么简单的小项目,你们工时费不该收或不该收这么高。”

c.用户三:“这个门已经修了三次了,是维修问题还是备件问题呀!”

事实:汽车做维护。

情感:“我还是用自己带的备件比较放心”“你们的备件太贵了,如果你们不同意我用自带备件”“我只做维护,不要向我推荐其他项目”“我不做别的项目,应该很快。”

3 询问环节技巧

(1)询问的目的:迅速而有效地帮助用户找到正确的需求。

(2)询问方法:开放式的问题、封闭式的问题。

①开放式问题帮助服务顾问对用户的需求进行了解。其特点是没有确定答案,时间较长,用户回答问题较轻松。在使用过程中注意避免漫无目的,注意控制时间。

②封闭式问题帮助服务顾问对用户的需求进行判断。其特点是简洁明了,答案范围确定,时间较短,用户回答问题时可能相对紧张。在使用过程中注意避免用户产生被盘问的感觉,避免用户产生服务顾问在向用户推卸责任的感觉。

(3)询问练习:请在每个问题后面的括号内注明使用的是哪种询问方法。

①请您简单说一下,你平时是怎样使用电动座椅的,好吗? ( )

②您以前用过这个牌子的机油吗? ( )

③您是说,发动机在3100r/min,时速100km/h时,有发抖的情况是吗? ( )

④上次更换CD,您觉得效果怎么样? ( )

⑤请您把噪声产生的经过大致描述一下好吗? ( )

⑥您的车有没有到过非售后服务网点维修过呢? ( )

⑦按您的意思,如果不能索赔,您就不修了是吗? ( )

4 复述环节技巧

(1)复述事实的目的:确认用户的真实需求,并得到用户确认,分清责任,充分体现服务顾问的职业素质。

(2)复述情感的技巧和益处:复述情感是对用户的观点给予认同,让用户的情感得到认同,深度拉近和融洽与用户之间的关系。

5 期望值引导

(1)期望值。期望值主要指用户希望或预期的产品(或服务)的价值。期望值可以大于、等于、小于用户的满意度。通常情况下,用户经由两种方式来体验,其一是所提供的产品或服务，我们称之为核心服务，另一个是你如何提供这些产品或服务，我们称之为用户服务。

产品（或服务）是一个载体，把用户和企业的情感联结在了一起。用户的期望值就是通过载体来实现的，并通过满意度体现出来。用户期望值、服务感受与满意度的关系如图7-8所示。

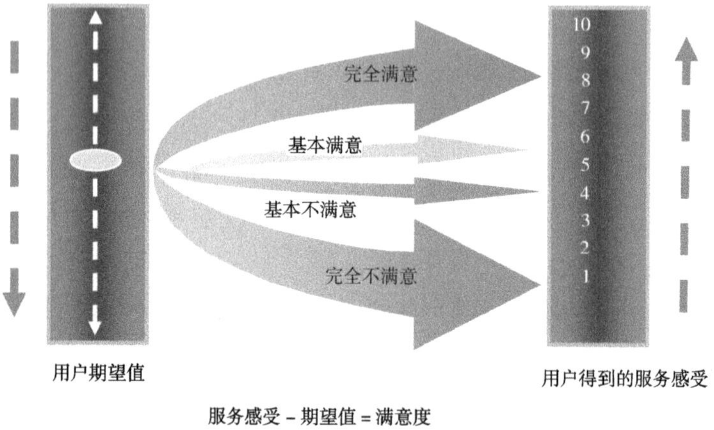

图7-8　用户期望值、服务感受与满意度的关系

用户期望值越高，产品（或服务）的提供者要尽可能地满足用户的需求，则所要付出的成本，也将会相应地增大。但是满意度并不一定随着产品成本的增高而增大。

那么，通过引导用户期望值，而不是一味通过增加企业成本达到用户满意就成为一个实际有效的做法了。于是企业也开始通过期望值引导来探求如何在企业现有能力基础上，更好更好地为用户服务，实现用户的利益。

（2）期望值引导的目的：汽车用户需求相对于汽车经销商可为用户实现的需求之间存在差异，汽车经销商引导用户接受现实，尽可能满足用户的重要期望。

（3）期望值引导的步骤。

①了解用户期望值：由于每一个人的经历和需求不同，以及产品和服务的口碑不同，往往造成每个用户的期望值都不同。服务顾问通过用户接待、倾听、询问、复述环节与用户沟通，尽可能多地了解用户对本次服务的期望。

②分析用户期望值：服务顾问将收集到的用户期望进行比较、排序、分析，应用“四项限法”可以帮助服务顾问对用户期望进行比较、排序、分析。期望值分析“四项限法”如图7-9所示。

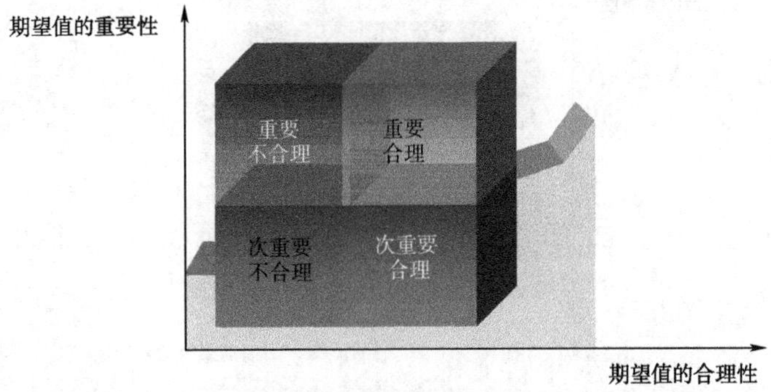

图 7-9　期望值分析“四项限法”

期望值分析“四项限法”中期望值的重要性是站在用户的角度,考虑用户所提出期望的重要程度;期望值的合理性是站在汽车售后服务网点的角度,考虑汽车售后服务网点满足用户期望的程度。

接下来,我们用实例来告诉大家期望值分析“四项限法”如何帮助服务顾问对用户期望进行比较、排序和分析。

案例再现:某用户 2017 年 2 月 10 日购买一辆东风雪铁龙两厢世嘉车私用,于 2019 年 1 月 15 日车辆行驶 24987km 时来售后服务网点做 30000km 维护。用户提出以下需求:

第一,维护结算费用打 8 折;

第二,免费洗车打蜡;

第三,用户汽车排气管锈蚀,因为汽车即将出整车质量担保期,要求排气管保修,免费更换。

案例解析:

第一步,用户期望比较、排序、分析:

a. 期望重要性的比较、排序:通过与用户沟通,了解 3 种需求对于用户的最重要程度。假设服务顾问与用户沟通后得知,用户比较看重维护结算费用和排气管保修这两项需求。服务顾问便可以按用户期望值重要性依次递减的顺序对用户需求进行比较、排序,得出最后结果。

b. 期望值合理性的比较、排序:根据售后服务网点现行规定、相关规定以及服务顾问可受理的权限范围,判断汽车售后服务网点实现用户需求的难易程度,按期望值合理性依次递减的顺序,将用户需求进行比较、排序,得出最后结果。

第二步,按期望值重要性、合理性对用户需求进行比较、排序、分析后,其结果填写在期望值引导“四项限法”的图表中,如图 7-10 所示。

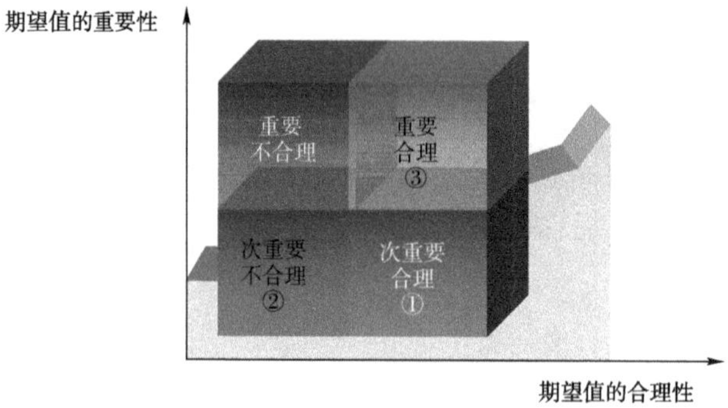

图 7-10　期望值引导“四项限法”比较、排序、分析结果

第三步，降低用户期望值。根据用户期望值分析结果为用户提供多种解决方案，请用户在多种解决方案中进行选择。结合本案例，我们可以提供 3 种解决方案，见表 7-2。

解 决 方 案　　表 7-2

方案序号	用户期望	解决方案	备注说明
方案一	维护结算费用打 8 折	为用户办理一张贵宾卡，享受日常维护工时费用 9 折，备件费 9 折的优惠	服务顾问依据售后服务网点实际情况和自身可受理的权限范围来确定用户期望引导解决方案
	免费洗车打蜡	为用户提供免费洗车服务	
	要求排气管保修免费更换	在不违反汽车厂商保修政策的原则下，帮助用户办理排气管锈蚀保修事宜	
方案二	维护结算费用打 8 折	日常维护工时费用 8 折，备件费 9.5 折优惠	
	免费洗车打蜡	洗车打蜡需付费，免费赠送用户小礼品	
	要求排气管保修免费更换	在不违反汽车厂商保修政策的原则下，帮助用户办理排气管锈蚀保修事宜	
方案三	维护结算费用打 8 折	本次维护结算费用 9 折优惠	
	免费洗车打蜡	为用户提供免费洗车打蜡服务	
	要求排气管保修免费更换	在不违反汽车厂商保修政策的原则下，帮助用户办理排气管锈蚀保修事宜	

实际情况是，为用户提供的多种解决方案中，可能没有哪一种方案能够完全满足用户的所有期望。服务顾问在提出解决方案时需强调每一种方案的合理性和利益性，最终帮助用户从多种解决方案中作出选择。只要用户作出选择，就实现了用

户期望值的降低。

6 达成一致

服务顾问具体讲解和描述为用户提供的多种解决方案,说明每个解决方案对用户的价值。对用户所选择的方案表示肯定和赞许。同时,还要关注用户对于所选方案的满意程度。

7 关系保持

根据用户不同的期望值进行回访,提供完善的后续服务。

3 服务顾问在处理抱怨和投诉工作中的工作重点

(1)敏感性:服务顾问应对用户的不满和抱怨有高度的敏感性。敏感性来自服务顾问现场对用户的观察,以及后期对用户的回访。

(2)主动性:服务顾问应对用户的不满和抱怨积极、主动地采取措施。

(3)处理及转化:服务顾问应充分运用专业知识与技能对用户的不满和抱怨进行处理和转化,提供多种解决方案,引导和降低用户期望值。

(4)快速传递信息:用户投诉所涉及范围超越服务顾问权限,应及时向上级领导或部门反馈。

4 成功处理抱怨和投诉的注意事项

成功处理抱怨和投诉的注意事项如图7-11所示。

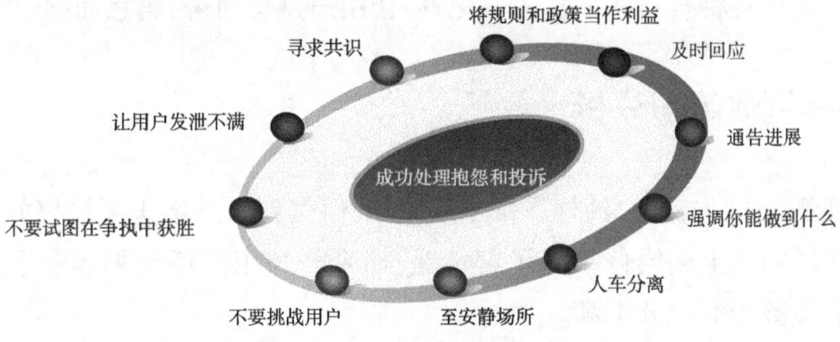

图7-11 成功处理抱怨和投诉的注意事项

(1)将规则和政策当作利益:这里所指的政策包括保修政策、维修政策、价格政策、会员政策、优惠政策、备件政策。规则包括工时费打折力度,VIP会员规则等。

(2)及时回应:首先服务顾问应为抱怨或投诉用户提出多种解决方案,如若还不能满足用户的期望,及时上报给经理或请求同事及技术专家的援助。

(3)通告进展:服务顾问及时通告用户抱怨或投诉事件处理的进展,让用户感受到,我们在行动,事情在向好的方向发展。

(4)强调你能做到什么:服务顾问引导抱怨或投诉用户的期望值,提供多种解决方案供用户进行选择。

(5)人车分离:所谓“触景伤情”“眼不见心不烦”,人车分离,以免用户面对故障汽车提出情绪化的不满。

(6)至安静场所:选择安静场所,让抱怨或投诉用户平抚情绪。

(7)不要挑战用户:汽车厂商与汽车用户之间总是会存在着很多方面的不一致,汽车售后服务网点作为这两方利益联系的纽带,有责任和义务担负起桥梁、润滑剂的作用。

(8)不要试图在争执中获胜:服务顾问的目标是要与用户达与一致,尽可能让用户满意;一旦用户怒气消失后,他们会回到聆听的状态。

(9)让用户发泄不满:抱怨和投诉的用户通常都有一肚子不满要发泄出来,服务顾问需要给用户提供机会,让用户说出来。

(10)寻求共识:达成一致,讲事实,讲利益,为抱怨或投诉用户提供多种解决方案。

第三节 汽车用户抱怨和投诉的案例分析

通过用户抱怨和投诉处理案例的分析,使服务顾问面对用户的投诉从容不迫,并能巧妙地运用各种技巧将危机一一化解,让用户盛怒而来,满意而归。

一 抱怨案例演练与分析

抱怨案例(一):与用户约好下午4点取车,但是到4点半车还没修好,用户很不高兴。服务顾问马上到维修车间了解情况,回来告知用户还要再等一下,用户因此不能及时去接孩子而十分不满。

1 案例分析

(1)用户心理分析:______________________________

____

(2)用户希望我们:______________________________

____

(3)我们提供的解决方案：________________

____

2 案例演练要求

(1)分组：用户组、投诉组。

(2)要求：按抱怨和投诉处理流程进行演练，准确运用学习过的原理，使用恰当的技巧和话术。

(3)点评：互相点评、老师点评。

抱怨案例(二)：用户在服务站转了几圈找不到服务顾问，服务顾问都在忙，没人理睬这位用户，用户明显表现出不满。

1 案例分析

(1)用户心理分析：________________

____

(2)用户希望我们：________________

____

(3)我们提供的解决方案：________________

____

2 案例演练要求

(1)分组：用户组、投诉组。

(2)要求：按抱怨和投诉处理流程进行演练，准确运用学习过的原理，使用恰当的技巧和话术。

(3)点评：互相点评、老师点评。

二 投诉案例演练与分析

投诉案例(一)：用户车辆在行驶两个月左右时出现行驶中熄火现象，一次在行驶中又出现此现象，当时转向和制动都没有了，车辆发生碰撞，转向盘和底盘移位，气囊爆开，驾驶员受轻伤。用户来到汽车经销商售后服务网点投诉。

1 案例分析

(1)用户心理分析：____________________

____

(2)用户希望我们：____________________

____

(3)我们提供的解决方案：____________________

____

2 案例演练要求

(1)分组：用户组、投诉组。

(2)要求：按抱怨和投诉处理流程进行演练；准确运用学习过的原理；使用恰当的技巧和话术。

(3)点评：互相点评、老师点评。

投诉案例(二)：用户在汽车整车质量担保期内发现汽车炭罐发出嗒嗒的声响，汽车经销商售后服务站按照用户的要求免费更换新的炭罐后，用户发现新的炭罐响声更大，到网点投诉产品质量问题。

1 案例分析

(1)用户心理分析：____________________

____

(2)用户希望我们：____________________

____

(3)我们提供的解决方案：____________________

____

2 案例演练要求

(1)分组：用户组、投诉组。

(2)要求：按抱怨和投诉处理流程进行演练，准确运用学习过的原理，使用恰当的技巧和话术。

(3)点评：互相点评、老师点评。

二 抱怨、投诉案例解析

抱怨案例(一):与用户约好下午4点取车,但是到4点半车还没修好,用户很不高兴。服务顾问马上到维修车间了解情况,回来告知用户还要再等一下,用户因此不能及时去接孩子而十分不满。

(1)用户心理分析:用户对我们不守时十分不满,因为没有按时提到车,有可能不能准时接孩子,可能会使用户不满升级。

(2)用户希望我们:用户希望我们能就发生的事情给他造成的损失进行弥补。

(3)我们提供的解决方案:应以最大的诚意立即道歉,根据用户的合理要求迅速提供解决方案。即使帮助用户暂时解决了问题,但用户依然可能心存不满,因此,应再次道歉并马上行动。用户可能不会再像以前那样信任我们了,今后的服务中,一定要避免再犯同样的错误。

抱怨案例(二):用户在服务站转了几圈找不到服务顾问,服务顾问都在忙,没人理睬这位用户。用户明显表现出不满。

(1)用户心理分析:因等待时间较长,而且连问候用户的人都没有,用户不满。

(2)用户希望我们:立即接待。

(3)我们提供的解决方案:察觉到用户的不满之后,应立即道歉,并立即接待用户。协助用户迅速检查车辆,确保后面的过程尽量不要让用户再等。

投诉案例(一):用户车辆在行驶两个月左右时出现行驶中熄火现象,一次在行驶中又出现此现象,当时转向和制动都没有了,车辆发生碰撞,转向盘和底盘移位,气囊爆开,驾驶员受轻伤。用户来到汽车经销商售后服务网点投诉。

(1)用户心理分析:用户非常愤怒,坚决认为车的质量有问题,而且给他造成了很大的伤害和损失。

(2)用户希望我们:找出事故根本原因,事故是否与两个月左右出现行驶中熄火现象有关。为什么同样的问题现在再次出现?给出合理解释和补偿。

(3)我们提供的解决方案:用户的态度会很强硬,应对其情绪进行安抚。用户是来投诉的,应迅速向服务经理汇报,避免令用户产生推诿或拖延的感觉。同时,迅速采取行动，帮助用户找到真正的肇事原因，向用户表明我们对质量问题的态度。提供解决方案，最终与用户达成一致。

投诉案例（二）：用户在汽车整车质量担保期内发现汽车炭罐发出嗒嗒的声响，汽车经销商售后服务站按照用户的要求免费更换新的炭罐后，用户发现新的炭罐响声更大，到网点投诉产品质量问题。

（1）用户心理分析：第一次更换时，用户对产品质量已经有所怀疑，第二次再来，这种怀疑可能又加重一些。用户对产品质量有极大的疑问，对同样的问题反复出现表示极度不满。

（2）用户希望我们：确定响声的真正原因，并解决问题。如若本次更换涉及费用，用户可能希望免费更换。

（3）我们提供的解决方案：帮助用户确定响声的真正原因是解决问题的关键。同时，应对用户不安的情绪进行安抚。因用户对产品质量有疑问，应表明如果确系质量问题，我们一定会帮助用户解决。

参考文献

[1] 李景芝.汽车维修服务接待[M].2 版.北京:人民交通出版社股份有限公司,2017.

[2] 裘文才.二手车评估[M].2 版.北京:人民交通出版社股份有限公司,2016.

[3] 彭朝晖.汽车配件管理与营销[M].2 版.北京:人民交通出版社股份有限公司,2017.

[4] Fred R · David.战略管理[M].8 版.北京:经济科学出版社,2001.

[5] 叶永丰.服务决定汽车企业的竞争力[J].汽车与配件,2004(34):6-7.

[6] 黄培伦,黄珣.企业内部服务质量、关系质量对内部顾客忠诚的影响机制:基于内部营销视角的实证研究[J].南开管理评论,2008(6):10-14.

[7] 李斌,汪黎君.基于区域性协作与满意度调查的售后服务管理的新方法[J].中国医疗设备,2009(2):70-73.

[8] 白琳.顾客感知价值、顾客满意和行为倾向的关系研究述评[J].管理科学,2009(1):87-93.

[9] Athanassopouloos J A. Behavioral response to cutomer satisfaction: an emprirical study [J]. European Journal of Marketing,2001,35(5/6):687-707.

[10] Gises J L. and Cote J A. Defining consumer satisfaction[J]. Academy of Marketing Science Review,2001(1):1-24.

[11] Stuart A. Rosenfeld. A guide to cluster strategies in less favored regions[R]. USA: Paper presented at the conference of Regional Technology Strategies, Carrboro, North Carolina,2002,28-30.